Rachel Hawkes
Christopher Lillington
Anneli McLachlan

Published by Pearson Education Limited, 80 Strand, London, WC2R 0RL.

www.pearsonschoolsandfecolleges.co.uk

Text © Pearson Education Limited 2019
Developed by Clive Bell and Penny Fisher
Edited by James Hodgson and Haremi
Typeset by Kamae Design
Original illustrations © Pearson Education Limited 2019
Illustrated by Tek-Art, West Sussex, and Dave Cockburn/
D'Avila Illustration Agency
Picture research by Caitlin Swain and SPi Global
Cover design by Pearson Education Limited
Cover illustration © Miriam Sturdee
Cover images: Front: Alamy Stock Photo: Vincenzo; Pearson Education Ltd: Miguel Domínguez Muñoz; Shutterstock: Nagel Photography, Dimitris Leonidas, terekhov igor. Models: Laura, Marco, José, Ramona, Samuel and Aroa of Colegio Nazaret, Oviedo. With thanks to them and the staff of Colegio Nazaret for their role in the TeleViva videos. Thanks to Colette Thompson of FOOTSTEP PRODUCTIONS.
Songs composed and arranged by Charlie Spencer and Alastair Lax of Candle Music Ltd.
Lyrics by Rachel Hawkes, Christopher Lillington and Anneli McLachlan.
Audio recorded by Alchemy Post (produced by Rowan Laxton)
Voice artists: Francesc Xavier Canals, Lorena Davis Mosquera, Elias Ferrer, Hugo Ferrer, Pedro Ferrer, Alexandra Hutchison Triviño, Ana Rose Layosa, Alejandro Moreno Gimeno, Mari Luz Rodrigo and Rafael Soledad, with thanks to Camilla Laxton at Chatterbox Voices

The rights of Rachel Hawkes, Christopher Lillington and Anneli McLachlan to be identified as authors of this work have been asserted by them in accordance with the Copyright, Designs and Patents Act 1988.

First published 2019

25

10 9 8

British Library Cataloguing in Publication Data
A catalogue record for this book is available from the British Library

ISBN 978 1 292 29051 5

Printed in the UK by Bell and Bain Ltd, Glasgow

Acknowledgements
We would like to thank Teresa Álvarez, Samantha Alzuria Snowden, Clive Bell, Naomi Laredo, Ana Cristina Llompart, Esther Mallol, Ruth Manteca Tahoces and Sara McKenna for their invaluable help in the development of this course.

Pearson acknowledges the use of the following material:

Blogestudio SL: http://buscarempleo.republica.com/emprendedores/trabajar-como-payaso.html. Accessed: 5 May 2019 © Blogestudio SL, 2016 p.29; Manu Sánchez Montero: 'Yo quiero se'. https://www.scribd.com/doc/90843540/Poesia-sobre-las-Profesiones © Manu Sánchez Montero, 2013 p.41; Alfaguara: Extract from Manolito Gafotas by Elvira Lindo,1994 © Elvira Lindo/Alfaguara p.69; UNICEF: http://www.unicef.org/bolivia/trabajo_infantil_-_24_horas_para_ser_feliz.pdf © UNICEF p.76; Fundación Gloria Fuertes 'Niños de Somalia' by Gloria Fuertes © Fundación Gloria Fuertes, 1996 p.88; 'El burro en la escuela' by Gloria Fuertes © Fundación Gloria Fuertes www.gloriafuertes.or; Footsteps Production Limited p.89, Empresa Municipal de Transportes de Madrid © Empresa Municipal de Transportes de Madrid (EMT Madrid), 2014 p.101; Civitatis Tours SL: Palacio Real de Madrid, © CIVITATIS TOURS SL p.115.

(Key: b-bottom; c-centre; l-left; r-right; t-top)

123RF: Suzanne Tucker 15tr, Cathy Yeulet 28bl, Alexander Raths 29br, XiXinXing 33br, nito500 54bc, photka 76b, Margie Hurwich 91, Fernando Sanchez 106c, Ricardo Kuhl 124b, Sascha Burkard 126c, monphoto 130l, subbotina 130cr, Cathy Yeulet 133cl, Olaf Speier 134tc, oneblink 135tc; **Alamy Stock Photo:** MediaPunch Inc 6c, Allstar Picture Library 6cl, 8br, Zoonar GmbH 7bl, Mikehoward 16tl, Robert Fried 21tl, IE371 28brr, Alex Segre 28bll, 134br, Alexander Podshivalov 33crr, imageBROKER 33bl, 134 tl, JACK LUDLAM 41bl, Jeffrey Isaac Greenberg 3 43br, ERIC LAFFORGUE 44tr, Steve Vidler 51bl, Tor Eigeland 53bl, Fabienne Fossez 55tl, Andrey Armyagov 56brr, Phil M Rogers 77bl, BlueOrangeStudio 77bc, dbimages 78tr, directphoto.bz 82tl, IS831 82l, imageBROKER 82r, Peter Schickert 83tl, Loop Images Ltd 85t, Fabienne Fossez 88cr, Alan Gignoux 89, Cultura Creative (RF) 93, WENN Rights Ltd 104r, Age fotostock 104l, Martin Thomas Photography 104cr, FSG/Age fotostock 105l, Biosphoto 105c, Ivan Nesterov 106, Carlos Dominique 107t, Alex Segre 110tr, Rob Cleary 110bc, Michael Weber/imageBROKER 114br, Priscilla Gragg /Tetra Images, LLC 117, Bernardo Galmarini 124cl; Charlotte Allen 134tr, Jeffrey Isaac Greenberg 2 134bl; **Getty Images:** ALEJANDRO PAGNI / Stringer/AFP 6br, Jupiterimages/Stockbyte 7tl, carrollphoto/E+ 16br, Jeff Kravitz/FilmMagic 28tr, Paul Popper/Popperfoto 28cl, Fotonoticias/Wire Image 29tr, Europa Press Entertainment 29c, Cultura RM Exclusive/yellowdog 33tl, Chris Ryan/Caiaimage 40tl, Jason LaVeris/FilmMagic 40bl, Jason Merritt 40cr, 40cl, J. Countess/WireImage 40br, Ariel Skelley/DigitalVision 41bll, JRL/Stone 41brr, John Warburton-Lee/AWL Images 51tr, Wendy Hope/Stockbyte 53cr, Ezra Shaw 56bll, skynesher/iStock 56br, Andres Rodriguez 59cr, Kislev/I Stock 77br, Hadynyah/E+78l, i love images/Juice Images 80l, nycshooter/E+ 82tc, Johnny Haglund/Lonely Planet Images 83b, Sean Murphy/DigitalVision 83tr, Steve Debenport/E+ 87, Gradyreese/E+ 88b, Sturti/E+ 104tl, Gonzalo Arroyo Moreno 110tl; EXTREME-PHOTOGRAPHER/E+128b, Nikki Kahn/The Washington Post 132tr, DreamPictures/Photodisc 135tr; **Gremio de restauradores de Plaza Mayor y Madrid de los Austrias** © Gremio de restauradores de Plaza Mayor y Madrid de los Austrias, 2017 100r; **Parques Reunidos Servicos Centrales SA**. www.parquedeatracciones.es/atracciones/abismo Accessed: 25 May 2014 © Parques Reunidos Servicos Centrales SA 105r, 115t; **Pearson Education:** Gareth Boden 9tl, 9cr, 14tr, Sophie Bluy 9bl; Jules Selmes 14tl, 14br, 57tl, 78r, 100l, 114cl, Studio 8 28br, 33cll, 57b; Steve Shott 32tr; Imagemore Co., Ltd 56l, Miguel Dominguez Muñoz 74tl, 74tc, 74tr, 74cl, 74c, 74cr, 74bl; Justin Hoffmann 102tl, 102tc, 102tr, 102l, 102c, 102r; Martin Sookias 110tc; MindStudio 118; Sozaijiten 129tr; Handan Erek 133br, 114bl; **Rocknroll Madrid/Competitor Group Inc** © www.rocknrollmadrid/Competitor Group Inc (2014) 100br; **Shutterstock:** 19cr, 67br, 80tr, 81b, 103, 113, Startraks 6cr, slava296 7cr, Kovankin Sergey 7bl, Alexwyz 7bc, liewluck 7br, Tracy Whiteside 14bl, wavebreakmedia 16tr, Aquapark slides 16cl, wavebreakmedia 20cr, Castafiore/Tornasol/Kobal/Shutterstock 21br, dmitro2009 22br, Stokkete 26br, Diego Azubel/EPA-EFE 29tl, Alizada Studios 29cl, Mike Frey/BPI 29cr, Vladimir Koletic 33tr, wavebreakmedia 33cl, Diego Cervo 33cr, 128l, sirtravelalot 38tr, ESB Essentials 38br, val lawless 41tr, mavo 41br, Pressmaster 45tl, Tupungato 51br, Shutterstock 51tl, 128bl, Sofia Felguerez 52tr, Angel Simon 52cl, Iakov Filimonov 53c, Ronald Sumners 53tr, Aaltair 54tl, 130trr, Crisp 54tll, gori910 54tc, Africa Studio 54trr, 130c ,Wojtek Jarco 54tr, Joshua Resnick 54bl, Nikola Bilic 54bll, Tom Gowanlock 54brr, 130tl, Svetlana Lukienko 54br, 130tr, Rrrainbow 55tr, Mark Herreid 56tl, Air Images 56tll, stephen Rudolph 56bl, ITALO 56trr, Dmitry Kalinovsky 56tr, katalinks 56r, Golden Pixels LLC 57c, Samuel Borges Photography 57bl, Andrei Zarubaika 63c, Sabphoto 64tl, stockphoto mania 64tr, Nana Brooks 65tr, pixelheadphoto digitalskillet 67cr, Blaj Gabriel 69tl, Shutterstock 70br, MedusArt 74bc, Meunierd 77c, Sianc 78tl, Aman Ahmed Khan 78c, Anton_Ivanov 79, Iofoto 80tl, Aleksei Potov 80tc, GMEVIPHOTO 80c, Gunter Nezhoda 80r, Syda Productions 81t, sirtravelalot 82tr, Rawpixel.com 82bl, Tatyana Vyc 82br, Sadik Gulec 88t, GHULAMULLAH HABIBI/EPA-EFE 88cl, Blend Images 94, nito 100bl, Mistervlad 101l, Hethers 101b, Quintanilla 104c, Vaju Ariel 104cl, 114cr, Eduardo Rivero 106; Jiri Vaclavek 106t, TamaraLSanchez 106l, 134bc, Dja65 106tl, Artur Bogacki 110bl, 115c, Bonchan 110br; Pedro Rufo 114tr, GLRL 114l, Darios 114r, Gorillaimages 115l, tetiana_u 119c, Maridav 119t, 131 br, Serjio74 124tl, Gary Yim 124tc, Anibal Trejo 124tr, Sergio Schnitzler 124c, T photography 124cr, Phovoir 126t, Vikulin 126b, Chelsea Lauren 127tr, Goodluz 128br, pikselstock 130br, Madridismo Sl/Sipa 132br, Olena Zaskochenko 133cl; **Tournasol Films:** El Sueño de Ivan © Tournasol Films, 2011 21br.

¡CONTENIDOS!

¡MODULE 1! Somos así 6

¡MODULE 2! ¡Oriéntate! 28

¡MODULE 4!

¡MODULE 5! Una aventura en Madrid 100

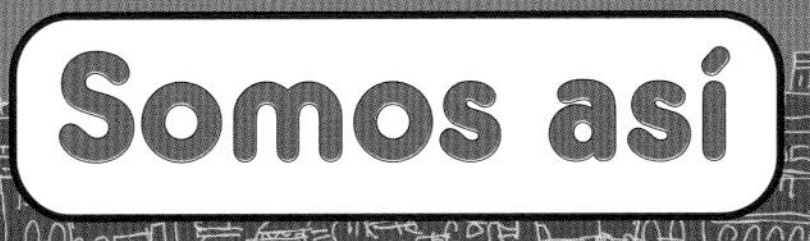

1 ¿Cómo se llaman estas películas en inglés?

a

SOLO en CASA

b

c

PEQUEÑA MISS SUNSHINE

2 ¿Qué actor es mexicano?

- **a** Vincent Cassel
- **b** Gael García Bernal
- **c** Javier Bardem

Did you know that the Mexican film industry is very influential and has produced some excellent directors? Alfonso Cuarón directed *Harry Potter and the Prisoner of Azkaban* and *Gravity*. Guillermo del Toro is responsible for films including *Pan's Labyrinth*, *Pacific Rim* and *The Shape of Water*.

Alfonso Cuarón

Guillermo del Toro

3 ¿Qué equipo de fútbol es de un país donde se habla español?

- **a** Juventus Football Club S.p.A.
- **b** São Paulo Futebol Clube
- **c** Club Atlético Boca Juniors

Mira la foto y el gráfico. ¿A qué se refieren?

a un parque de atracciones
b un medicamento
c un problema serio

NIVEL DE ADRENALINA

¡Descubre el nivel de adrenalina de esta atracción!

5 ¿Cuál de estos parques de atracciones es un parque **acuático?**

a Terra Mítica, Benidorm
b Isla Mágica, Sevilla
c Aqualand Costa Adeje, Tenerife

6 Mira el anuncio. ¿Con cuántos años puedes hacer karting aquí?

a 9 años
b 13 años
c 25 años

Cosas que me chiflan

- Talking about things you like
- Using **gustar** with nouns in the present tense

¿Quién habla? Escucha y escribe el nombre correcto. (1–4)

Ejemplo: **1** Samuel

¿Qué cosas te gustan?
¿Qué cosas no te gustan nada?

David

Isabel

Samuel

Martina

Me encanta(n)... 👍👍👍	Me gusta(n)... 👍
Me chifla(n)... 👍👍👍	No me gusta(n)... 👎
Me gusta(n) mucho... 👍👍	No me gusta(n) nada... 👎👎

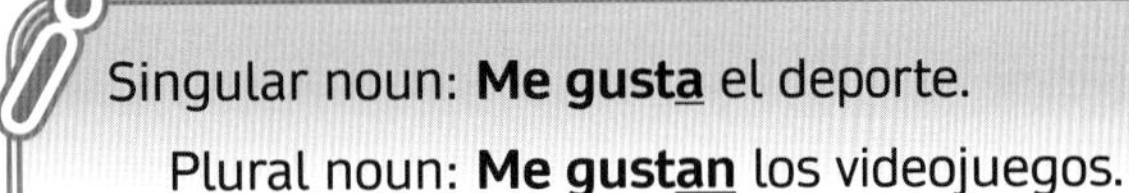

Singular noun: **Me gusta** el deporte.
Plural noun: **Me gustan** los videojuegos.

Gramática

There are four words in Spanish for 'the' (the definite article):

	singular	plural
masculine	el fútbol	los animales
feminine	la tele	las artes marciales

When you give opinions with **me gusta(n)** etc., you must use **el**, **la**, **los** or **las** before the noun, even if you wouldn't use 'the' in English.

Me gusta la música. I like music.
No me gustan los insectos. I don't like insects.

Con tu compañero/a, inventa entrevistas con las personas del ejercicio 1.

With your partner, invent interviews with the people in exercise 1.

- ● ¿Qué cosas te gustan, David?
- ■ Me gustan los videojuegos y me encanta(n)... / me chifla(n)...
- ● ¿Qué cosas no te gustan nada?
- ■ No me gusta(n)... / No me gusta(n) nada...

Pronunciación

Use the key phonics to help you pronounce **c** in Spanish:

- artes marciales (a 'th' sound, as in **cebra**)
- música (a 'k' sound, as in **camello**).

Eres un famoso o una famosa. ¿Qué cosas te gustan? ¿Qué cosas no te gustan?

Ejemplo: Soy Selena Gomez. Me encanta la música y me chiflan los animales, pero no me gusta nada el deporte.

Escucha y lee los textos. Luego, copia y completa la tabla.

name	likes	other information
Diego	martial arts	is a member of a judo club …

Soy Diego. Me chiflan las artes marciales. Soy miembro de un club de judo y soy cinturón rojo. Mis dos hermanos son cinturón verde. Mi entrenador es cinturón negro, por supuesto.

Soy Natalia. En mi familia somos todos músicos. Mi padre es pianista y mi madre es guitarrista. Toco el saxofón todos los días y me encanta el jazz. Soy miembro de un club de jazz en mi insti. ¿Eres músico también?

Soy Camila. ¡Me encantan los insectos! Mi colección es extensa, tengo casi tres mil insectos en total. Son muy interesantes. Me chifla el arte y también dibujo mis insectos. ¿Qué cosas te gustan?

casi *almost*

Gramática

Ser (to be) is an important irregular verb. It works like this in the present tense:

ser	to be
soy	I am
eres	you are
es	he/she is
somos	we are
sois	you (plural) are
son	they are

Soy miembro de un club.
I am a member of a club.

¿Eres miembro de un equipo?
Are you a member of a team?

>> p22

Busca las frases en español en los textos del ejercicio 4.

1 **I am** a member of a club.
2 **My trainer is** a black belt.
3 **We are** all musicians.
4 **Are you** a musician, too?
5 **They are** very interesting.

Escucha la conversación. Dos actividades no se mencionan. Escribe las dos letras correctas.

a  b  c  d 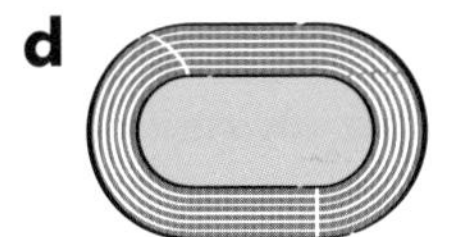 e  f 

Escucha otra vez. Escribe las letras de las reacciones en el orden correcto.

a ☺ ¡Fenomenal! b ☺ ¡Qué guay! c ☹ ¿Estás loco/a? d ☹ ¡No es posible!

Trabaja en un grupo de cuatro personas. ¿Qué cosas te gustan? Pregunta, contesta y reacciona.
Work in a group of four people. What things do you like? Ask, answer and react.

● ¿Qué cosas te gustan?
■ Me gusta el tenis. Soy miembro de un club.
▲ ¡Fenomenal! Me encanta el tenis.
◆ ¿Estás loco/a? No me gusta nada el tenis.

Copia y completa el perfil. Luego escribe tu perfil.
Copy and complete the profile. Then write your profile.

Soy Victoria. Me gustan mucho **1** . Soy miembro de WWF.
Tambien me **2** **3** y me **4** la musica
(**5** ——— miembro de un grupo), pero no me **6** el racismo.

SKILLS

Using connectives
To make your sentences more interesting, use connectives like **y** (and), **pero** (but) and **también** (also).

Mi semana

- Talking about your week
- Using regular verbs in the present tense

Escucha y lee la canción. Pon los dibujos en el orden correcto.

Ejemplo: d, …

¿Cómo organizas tu semana?

lun 1 — Los lunes después del insti, monto en bici.
Me chifla, me chifla, me chifla mi bici.

mar 2 — Los martes bailo Zumba® o a veces salsa.
Me encanta el baile. ¡Olé, olé, olé!

mié 3 — Los miércoles saco fotos, soy miembro de un club.
Me gusta, me gusta la fotografía.

jue 4 — Los jueves leo libros con mis amigos.
Me chiflan, me chiflan, me chiflan los libros.

vie 5 — Los viernes cocino para mi familia.
¡Me encanta, me encanta, me encanta la cocina!

sáb 6 — Los sábados veo un partido de fútbol.
Me chifla, me chifla, me chifla… ¡Gooooooool!

dom 7 — Los domingos por la tarde toco el teclado.
Me gusta, me gusta, me gusta el piano.

el teclado *keyboard*

Lee la canción otra vez. Escribe un resumen del texto en inglés.

Ejemplo: On Mondays I ride my bike. On Tuesdays I…

Juego de memoria. Cierra el libro. Con tu compañero/a, pregunta y contesta según la canción.

Memory game. Close the book. With your partner, ask and answer according to the song.

- ¿Cómo organizas tu semana?
- Pues… los lunes monto en bici.

- ¿Y los martes?
- Los martes bailo Zumba o salsa…

Gramática

Remember how the present tense of regular verbs works:

bailar	to dance	**leer**	to read	**escribir**	to write
bailo	I dance	**leo**	I read	**escribo**	I write
bailas	you dance	**lees**	you read	**escribes**	you write
baila	he/she dances	**lee**	he/she reads	**escribe**	he/she writes
bailamos	we dance	**leemos**	we read	**escribimos**	we write
bailáis	you (plural) dance	**leéis**	you (plural) read	**escribís**	you (plural) write
bailan	they dance	**leen**	they read	**escriben**	they write

Some verbs change their stem: **jugar** (to play) → **juego** (I play).
Some verbs are irregular in the 'I' form: **hacer** (to do or make) → **hago** (I do / make).

>> p22

Traduce las frases al inglés.

1 Después del insti toco la guitarra.
2 Los viernes bailan Zumba®.
3 ¿Tocas un instrumento?
4 Los domingos vemos un partido de voleibol.
5 Los lunes mi padre cocina para la familia.

Pay close attention to the verb ending to work out the subject, as the person is not always mentioned explicitly. Check the table on page 10 to help you.

Lee los textos. Contesta a las preguntas en inglés.

además *in addition, furthermore*

Me encanta el baile. Bailo salsa una vez a la semana, y los sábados por la tarde mi madre y yo bailamos Zumba®. **Sofía**

Todos los fines de semana saco fotos con mi tío. Me encanta la fotografía. Mi tío es un fotógrafo famoso. Siempre saca fotos de animales. **Mateo**

Soy miembro de un grupo con tres amigos. Practicamos dos veces a la semana en mi garaje. Además, a veces escribo canciones. **Mía**

En mi casa todos leemos a menudo. Leo cómics casi todos los días. A mí me encantan los cómics. Mis padres leen biografías y mi hermana lee novelas románticas. **Emilio**

How often does…

1 Sofía do salsa?
2 Emilio read comics?
3 Mía write songs?
4 Mía's band practise?
5 Mateo take photos with his uncle?
6 Mateo's uncle take photos of animals?

una vez a la semana	once a week
dos veces a la semana	twice a week
a veces	sometimes
a menudo	often
siempre	always
(casi) todos los días	(almost) every day
todos los fines de semana	every weekend

Escucha. ¿Qué hacen y cuándo? Copia y completa la tabla en inglés. (1–5)

	what?	when / how often?
1	cooks for the family	Sundays

¿Cómo organizas tu semana? Escribe una presentación sobre tu semana.

Write about:

- two things you like a lot (y .)
- when / how often you do them **(Todos los días . Los lunes .)**
- what else you like **(También y .)**
- when you do them **(Los fines de semana . Y los domingos .)**

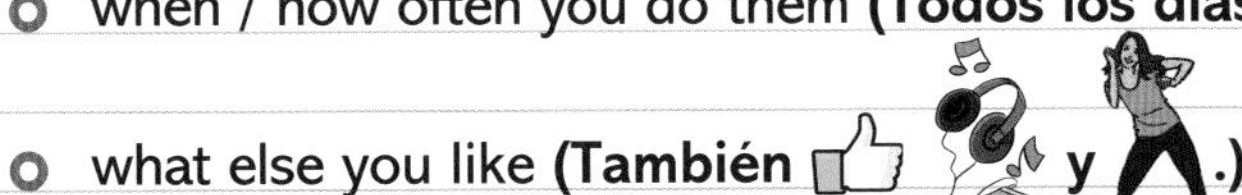

SKILLS

Adding information

To extend your sentences further, use:

- connectives: **y, pero, también, además**
- extra details: **después del insti, en casa, con mis amigos.**

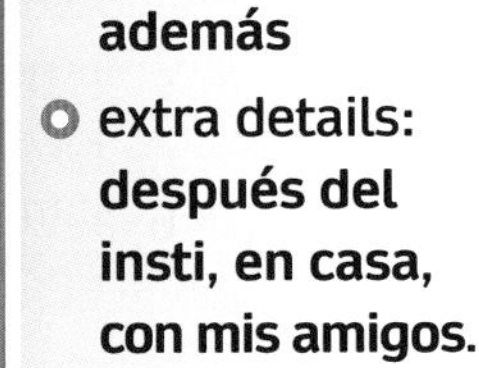

Practica y haz tu presentación en clase.

Cartelera de cine

- Talking about films
- Using the verb **ir** in the present tense

El club de cine planifica su programación. ¿Qué tipo de película es? Escucha y escribe la letra correcta. (1–8)

Ejemplo: **1** c

LOS INCREÍBLES 2 · **EL SEÑOR DE LOS ANILLOS** · **ELF**
SPECTRE · **HAN SOLO: UNA HISTORIA DE STAR WARS** · **SUPERMAN**
SCREAM: VIGILA QUIÉN LLAMA · **LA LEYENDA DEL ZORRO**

Escucha otra vez e indica la opinión.

Ejemplo: **1** 

¡Me encantan! / ¡Me chiflan! 
¡Me gustan mucho!
¡Me gustan!
¡No me gustan! 
¡No me gustan nada! 

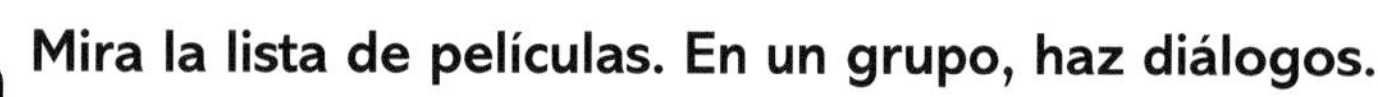

Mira la lista de películas. En un grupo, haz diálogos.

- *Black Panther*, ¿qué tipo de película es?
- En mi opinión, *Black Panther* es una comedia.
- No. Creo que es una película de ciencia ficción.
- ¿Estás loco/a? *Black Panther* es una película de superhéroes.
- ¿Te gustan las películas de superhéroes?
- Sí, ¡me encantan!

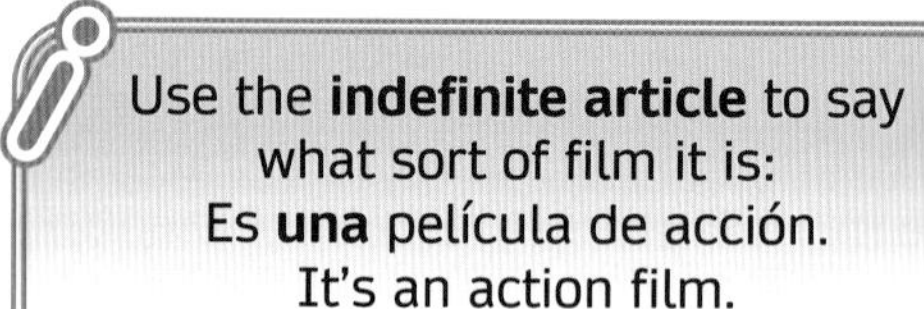

Use the **indefinite article** to say what sort of film it is:
Es **una** película de acción.
It's an action film.

Use the **definite article** to give your opinion:
Me encantan **las** películas de acción.
I love action films.

BLACK PANTHER

Responde a la encuesta. Escribe frases en español.

Ejemplo: **1** Voy al cine dos veces al mes.

al mes *per month*

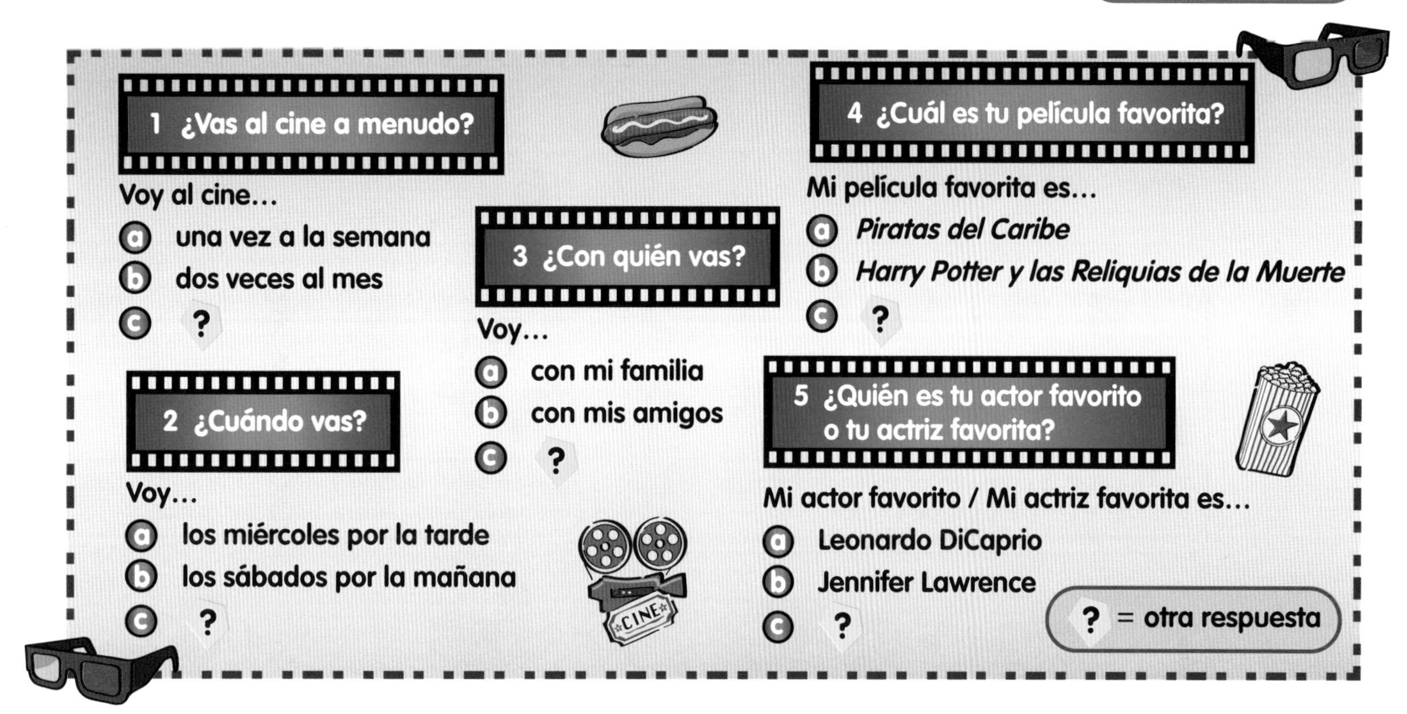

Lee la encuesta otra vez y escucha las entrevistas. Contesta a las preguntas en inglés.

1. How often does Sara go to the cinema?
2. Who does she go with?
3. When does Lorenzo go to the cinema?
4. What is his favourite film?
5. How often does Mariana go to the cinema?
6. Who is her favourite actor or actress?

Ir (to go) is an important irregular verb.
It works like this in the present tense:

ir	to go
voy	I go
vas	you go
va	he/she goes
vamos	we go
vais	you (plural) go
van	they go

>> p22

Haz una encuesta en clase. Utiliza las preguntas del ejercicio 4.

- ¿Vas al cine a menudo?
- Voy dos veces al mes.
- …

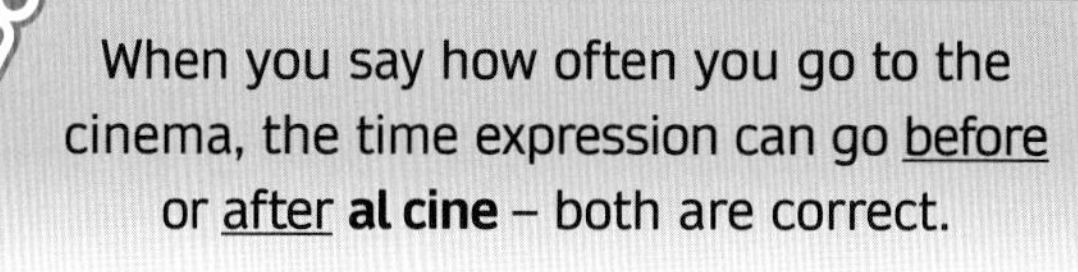

When you say how often you go to the cinema, the time expression can go before or after **al cine** – both are correct.

Voy a menudo al cine.
Voy al cine a menudo.

¿Vas a menudo al cine? ¿Qué tipo de películas te gustan? Describe tus preferencias.

Write about:

- how often you go to the cinema **(Voy al cine una vez al mes.)**
- who you go with and when **(Voy con mi tía y vamos los domingos.)**
- what films you like and dislike **(Me encantan las… También me chiflan… Pero no me gustan…)**
- what your favourite film is **(Mi película favorita es… Es una…)**
- who your favourite actor or actress is **(Mi actor / actriz favorito/a es…)**.

Un cumpleaños muy especial

- Talking about birthday celebrations
- Using the near future tense

Lee los tuits. ¿Cómo van a celebrar su cumpleaños? Escribe las dos letras correctas para cada persona.

Read the tweets. How are they going to celebrate their birthdays? Write the two correct letters for each person.

Ejemplo: Alejandro: d, …

la montaña rusa *roller coaster*

Alejandro@aja99
#cumpleañosfeliz

Voy a jugar al paintball o voy a ir a la bolera. ¡Qué guay!

Manuela@mani
#cumpleañosfeliz

Voy a ir a un parque de atracciones con mis amigos y vamos a montar en una montaña rusa.

Luna@lunablanca
#cumpleañosfeliz

Voy a pasar la noche en casa con mis amigas y vamos a ver películas de terror.

Bruno@bruno10
#cumpleañosfeliz

Voy a hacer karting y voy a sacar muchas fotos con mi nueva cámara. ¡Va a ser genial!

a 

b

c 

d 

e 

f 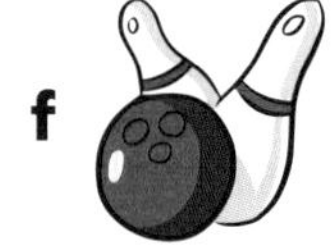

g 

h 

Gramática

Do you remember how to form the near future tense? Use the present tense of the verb **ir** plus **a**, followed by an infinitive.

Voy a ver una comedia.	I am going to see a comedy.	**Vamos a sacar fotos.**	We are going to take photos.
Vas a bailar.	You are going to dance.	**Vais a comer pizza.**	You (plural) are going to eat pizza.
Va a ser guay.	It is going to be cool.	**Van a jugar al lasertag.**	They are going to play lasertag.

>> p23

¿Cómo van a celebrar? Escucha y escribe la(s) letra(s) correcta(s) del ejercicio 1. ¿La reacción es positiva ☺ o negativa ☹? (1–4)

la semana que viene *next week*

Ejemplo: **1** b ☺

Con tu compañero/a, añade otra actividad a la frase cada vez.

- Mañana es mi cumpleaños, voy a hacer karting.
- Mañana es mi cumpleaños, voy a hacer karting y voy a jugar al paintball.
- …

Completa las frases en el futuro.

Ejemplo: **1** Yo voy a sacar fotos.

1 Yo . **2** Olivia . **3** ¿Qué tipo de película ?

4 Marco . **5** Yo . **6** Mis amigos y yo  .

Lee los textos. Escribe el nombre correcto.

Ejemplo: **1** Gabriela

¿Cómo vas a celebrar tu cumpleaños? ¿Qué planes tienes?

El fin de semana que viene voy a celebrar mi cumpleaños. Voy a ir con mi familia a hacer zorbing. Vamos a ir en tren. Luego vamos a hacer un picnic en un parque enorme. Después vamos a montar en bici. Por la noche vamos a cenar en un restaurante chino. ¡Me chifla la comida china!
Axel

El nueve de febrero voy a celebrar mi cumpleaños con mis amigos. Vamos a ir a un parque acuático, donde hay una piscina con olas. ¡Vamos a hacer surf! Luego vamos a descender por los rápidos. ¡Va a ser increíble!
Marcos

las olas	*waves*
el mes	*month*

El mes que viene va a ser mi cumpleaños. Voy a invitar a mis amigos a pasar la noche en mi casa. Mi padre va a preparar una tarta de chocolate porque cocina muy bien. Primero vamos a ver una comedia. Mas tarde vamos a cantar canciones con mi consola de karaoke. ¡Va a ser fenomenal!
Gabriela

Whose birthday…
1 is next month?
2 will involve two modes of transport?
3 will involve water?

Who…
4 is going to go out with friends?
5 is going to watch a film?
6 is going to eat outdoors?

Zona Cultura

In many Latin American countries, the **quinceañera** (fifteenth birthday) is a very important event. From their fifteenth birthday, girls are viewed as adults. It is an important birthday for boys, too. Are there any celebrations like this in your culture?

Traduce el texto de Gabriela al inglés.

Escucha y apunta los datos sobre las celebraciones en español. (1–4)

	¿cuándo es?	¿actividades?	¿opinión?
1	13 mayo	parque / tenis	divertido

SKILLS

Taking notes
When taking notes as you listen, try to write down key words or even just the first few letters of a word.

Con tu compañero/a, imagina tu cumpleaños. Inventa los detalles.

- ¿Cuándo es tu cumpleaños?
- Mi cumpleaños es el… de…
- ¿Cómo vas a celebrar?
- Voy a… Vamos a… Me chifla(n)… ¡Va a ser…!

Describe tus planes para un cumpleaños muy especial. Escribe un texto.

Write about:
- what you like **(Me chifla(n)…)**
- when your next birthday is **(Mi cumpleaños es el…)**
- where you are going to go for your birthday **(Voy a ir a…)**
- who you are going to go with **(Voy a ir con…)**
- what you are going to do **(Primero vamos a… Luego…)**
- what it is going to be like **(¡Va a ser guay!)**.

Don't forget to use sequencers to organise your writing: **primero** (first of all), **luego** (then), **después** (afterwards), **más tarde** (later).

¿Dónde? ¿Quién? ¿Qué? ¿Cuándo?

- Understanding longer spoken texts
- Using the four Ws when listening

SKILLS

Listening for clues

Focusing on the four Ws (Where? Who? What? When?) will help you answer listening questions.

When listening for **where**, make use of any clues. Speakers may not mention an actual place name, so listen out for other words and background noises that hint at the location.

1 ESCUCHAR **Escucha. ¿Dónde están? Escribe la letra de la foto correcta. (1–4)**

Ejemplo: **1** c

a

c

b

d

2 ESCUCHAR **¿Con quién van a ir? Escucha y escribe la letra correcta. Sobra una posibilidad. (1–4)**

Ejemplo: **1** c

a with my family

b with my brothers

c with my friends

d with my school

e with my class

SKILLS

Predicting when listening

Predicting what you are going to hear is a very useful skill. In exercise 2, look at the answer options and think about **who** might be mentioned. Make a list of possible phrases in Spanish, e.g. **con mi familia**.

3 ESCUCHAR

¿Qué tipo de película es? Escucha y escribe la letra correcta. (1–4)

SKILLS

Listening for indirect information

When speakers don't say exactly **what** they are talking about, you also have to work it out from the clues. For example, if they are discussing a film and someone says it was funny, you can guess that they probably saw a comedy.

4 HABLAR

Con tu compañero/a, decide si las expresiones se usan en el presente o en el futuro.

Ejemplo:

● 'Casi todos los días'. ¿Es presente o futuro?

■ Creo que es presente. 'En dos años', ¿qué piensas?

● …

casi todos los días | la semana que viene | a veces | en dos años | a menudo | una vez al mes | mañana

SKILLS

Remembering **TRAPS** will help you to listen out for important detail:

T = Tense/Time frame
R = Reflect, don't Rush!
A = Alternative words/synonyms
P = Positive or negative?
S = Subject (person involved)

To understand **when** something happens, **T** is important. Listen for time markers, e.g. **el fin de semana que viene**, but also for verb forms. Are speakers using the present or the near future tense?

5 ESCUCHAR

Escucha y elige la imagen correcta. ¿Es presente o futuro? (1–4)

Ejemplo: **1** c – futuro

Remember **TRAPS** and the strategies on this page to answer these 'What? Where? Who? When?' questions.

6 ESCUCHAR

Escucha y contesta a las preguntas en inglés.

1 a What does she like doing?
b Who does she do this for?

2 a Who is she going to go to the cinema with?
b What are they going to see?
c What are they going to eat?

3 a When does he go cycling?
b Where does he go?

4 a When is she going to celebrate her birthday?
b Where is she going to go?
c What are they going to do there?

● say what I like and don't like	**Me chifla la música. No me gustan nada los insectos.**
● ask someone what things they love / don't like	**¿Qué cosas te chiflan? ¿Qué cosas no te gustan?**
● react to what others say	**¡Qué guay! ¿Estás loco/a?**
■ use the present tense of **ser**	**Soy miembro de un club. En mi familia somos músicos.**

● say what I do on different days	**Los lunes bailo Zumba®.**
● ask someone about their week	**¿Cómo organizas tu semana?**
● say when or how often I do things	**casi todos los días, a menudo**
■ use the present tense of regular verbs	**Cocino. Leo libros. Escribo canciones.**

● say what type of film it is	**Es una película de acción.**
● say what type of films I like	**Me encantan las películas de ciencia ficción.**
● say how often I go to the cinema and with whom	**Voy al cine una vez al mes. Voy con mis amigos.**
■ use the indefinite or definite article	**Es una comedia. Me chiflan las comedias.**
■ use the present tense of **ir**	**Voy al cine con mi tía. Vamos los domingos.**

● say when I am going to celebrate my birthday	**Voy a celebrar mi cumpleaños la semana que viene.**
● say who I am going to celebrate with	**Voy a celebrar con mi familia.**
● say where I am / we are going to go	**Voy a / Vamos a ir al parque de atracciones.**
● say what I am / we are going to do there	**Voy a / Vamos a montar en una montaña rusa.**
● say what it is going to be like	**¡Va a ser fenomenal!**
■ use the near future tense	**Voy a jugar al paintball. ¡Va a ser genial!**
S use sequencers	**primero, luego, más tarde**

S use listening strategies:
- listen for clues in background noises
- use picture and text clues to make predictions before listening
- listen for indirect information
- listen for time markers and tenses

1 **In pairs. Take turns to say these key words adding the correct word for 'the' (definite article). Check your partner's pronunciation.**

deporte | insectos | violencia | animales | artes marciales | racismo | tele | deberes

2 **Give your opinion in Spanish of the items in exercise 1, e.g.** ***No me gustan nada los animales, Me chifla el deporte.***

3 **In pairs. Take it in turns to finish your partner's sentences, e.g.** ***Leo cómics.***

Leo…	Monto…	…en bici.	…el teclado.
Toco…	Cocino…	…fotos.	…para mi familia.
Veo…	Saco…	…cómics.	…un partido de tenis.

4 **Copy and complete the six parts of the verb *ir* in the present tense and translate them into English.**

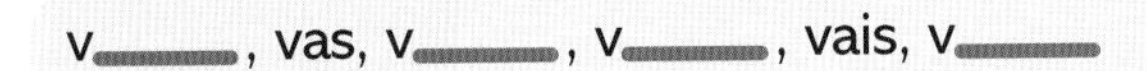

v____, vas, v____, v____, vais, v____

5 **Translate the message from your Spanish friend into English.**

Voy al cine una vez al mes. Me chiflan las películas de superhéroes. ¿Vas al cine a menudo? ¿Qué tipo de películas te gustan? ¿Cuál es tu película favorita?

6 **In pairs. Take turns to make six sentences in the near future tense and then translate them into English.**

El fin de semana que viene	vamos a ir	genial.
El seis de julio	voy a celebrar	surf.
El mes que viene	mis amigos van a hacer	al restaurante.
Mañana	va a ser	mi cumpleaños.
		al cine.

7 **In pairs. Take turns at asking and answering these questions using full sentences.**

- ¿Qué cosas te chiflan?
- ¿Qué haces durante la semana?
- ¿Quién es tu actor favorito o tu actriz favorita?
- ¿Cómo vas a celebrar tu próximo cumpleaños?

8 **Read about Silvio's week. Then change the verbs to rewrite the text in the near future starting *El lunes que viene…***

Los lunes **voy** al club de jazz donde **toco** la trompeta. Luego **cocino** para mi familia y **escucho** mi música favorita. El sábado **veo** vídeos de música en Internet. Además **escribo** canciones y **leo** una revista de música. ¡Me chifla la música!

Escucha. ¿Qué cosas les gustan y no les gustan a Rosa y a Santi? (1–2) Escribe las letras correctas.

a	art	**f**	martial arts
b	football	**g**	going to the cinema
c	friends	**h**	taking photos
d	cycling	**i**	reading
e	insects	**j**	watching films

1
Rosa likes ___ and ___.
She dislikes ___ and ___.

2
Santi likes ___ and ___.
He dislikes ___ and ___.

SKILLS

TRAPS!

To help you listen carefully and identify the details you need, remember **TRAPS**:

T = Tense/Time frame
R = Reflect, don't Rush!
A = Alternative words/synonyms
P = Positive or negative?
S = Subject (person involved)

In this task, **R**, **A**, **P** and **S** are important. You need to spot **who** each opinion refers to, and whether it is **positive or negative**. Listen for **alternative words** or synonyms. **Don't rush**; listen to the end before you draw your conclusions. Answers may not be heard in order.

Escucha la entrevista y contesta a las preguntas en inglés.

1 Why doesn't the speaker like martial arts films?
2 What does he say about his daughter's favourite film? Give two details.
3 Where does the speaker get his story ideas from?
4 How does he feel about making dinner every night?
5 Who is going to be at his house on Sunday?

Escucha otra vez las preguntas de la entrevistadora. Escribe las preguntas en español. Luego traduce al inglés. (1–5)

Listen again to the interviewer's questions. Write the questions in Spanish. Then translate them into English.

Question words

Pay close attention to the question words when translating questions.

¿Cómo?	How/What?	**¿A qué hora?**	At what time?
¿Qué?	What?	**¿Por qué?**	Why?
¿Cuál?	Which/What?	**¿Quién?**	Who?
¿Dónde?	Where?	**¿Con quién?**	With whom?
¿Cuándo?	When?		

Con tu compañero/a, prepara una conversación con las preguntas del ejercicio 3. Inventa otras dos preguntas. Por ejemplo, 'Do you go to the cinema often?', 'Where is the cinema?'

Descripción de una foto. Mira la foto y prepara tus respuestas a las preguntas. Luego escucha y responde.

- ¿Qué hay en la foto?
  En la foto hay… En el fondo a la derecha…
- ¿Y a ti? ¿Te gusta el deporte? ¿Por qué (no)?
  Sí, me chifla… porque… / No, no me gusta porque…
- ¿Cómo vas a celebrar tu próximo cumpleaños?
  Voy a… o…

SKILLS

Preparing a photo task

Describe what is in the photo, saying exactly where people or things are:

a la izquierda	on the left
a la derecha	on the right
en el centro	in the centre
en el fondo	in the background
un chico/una chica	a boy/a girl
unos chicos/ unas chicas	some boys/ some girls

Use **creo que** or **pienso que** to say more generally where you think they are, and what occasion it might be:
Creo que **están…** Pienso que **es…**

Use the 'they' form of verbs you know (e.g. **nadar, hablar, jugar**) to say what the people are doing.

Lee el texto e identifica las tres frases correctas.

1. *El sueño de Iván* is a comedy film.
2. The film is two hours long.
3. Iván is a famous footballer.
4. The film is about a charity game of football.
5. There is a romantic side to the story.
6. Millions of people are going to play in the football match.

Vídeos Fotos Descargas Reportajes

El sueño de Iván

Título: *El sueño de Iván*

Director: Roberto Santiago

Género: Comedia

Duración: 1 hora y 41 minutos

Actores: Óscar Casas (Iván), Carla Campra (Paula), Fergus Riordan (Morenilla), Demián Bichir (Entrenador Torres), Ana Claudia Talancón (Amy), Antonio Resines (El Abuelo), Fernando Tejero (Toribio), Ernesto Alterio (Gallardo)

Argumento: Iván es un chico de 11 años. Su gran pasión es el fútbol y va a jugar contra sus ídolos en un partido benéfico para ayudar a las víctimas de un desastre en África. Millones de espectadores van a ver el partido. Además, Iván va a vivir su primera historia de amor.

Escribe un mensaje a tu amigo/a español(a).

Menciona:

- las cosas que te gustan
- tu semana
- el cine
- tu cumpleaños.

Writing a clear response

This task asks you to write **un mensaje** to your Spanish friend. Plan carefully. First, work out exactly what each bullet is asking you to mention. Then write one or two sentences for each bullet. Finally, check your verb forms and spelling carefully.

The present tense

There are three groups of regular verbs in Spanish: **-ar**, **-er** and **-ir**. Remember to replace the infinitive ending with the endings shown in bold to form the present tense.

bail**ar**	to dance	com**er**	to eat	escrib**ir**	to write
bail**o**	I dance	com**o**	I eat	escrib**o**	I write
bail**as**	you dance	com**es**	you eat	escrib**es**	you write
bail**a**	he/she dances	com**e**	he/she eats	escrib**e**	he/she writes
bail**amos**	we dance	com**emos**	we eat	escrib**imos**	we write
bail**áis**	you (plural) dance	com**éis**	you (plural) eat	escrib**ís**	you (plural) write
bail**an**	they dance	com**en**	they eat	escrib**en**	they write

1 Copy and complete the sentences with the correct form of the verb.

1. Me encanta el baile. Bailas / Bailo / Baila dos veces a la semana.
2. Mi bici es mi pasión. Mi hermano y yo montamos / monta / monto en bici todos los días.
3. En mi opinión, Ed Sheeran cantan / canto / canta muy bien.
4. Mis padres escribo / escribís / escriben cartas para Amnistía Internacional.

Some verbs are irregular. Learn these by heart. In this Module you have learned how to use **ser** (to be) and **ir** (to go) in the present tense. Remember that the 'I' form of **hacer** (to do or make) is also irregular: **hago** (I do / I make).

2 Copy and complete the verbs with the missing information in both Spanish and English. Look back at Units 1 and 3 if you need help.

ser	to be
___	I am
eres	you are
___	he/she is
somos	___
sois	you (plural) are
son	___

ir	to go
voy	I go
___	you go
va	___
___	we go
vais	___
van	they go

3 Copy and complete the sentences with the correct form of the verb ser or ir.

1. Marisol, ¿___ miembro de un equipo?
2. Mi hermano ___ al parque todos los días.
3. Mi familia y yo ___ fanáticos del baloncesto.
4. Julia y Felipe, ¿___ a menudo al cine?
5. Los domingos mis abuelos ___ al zoo.
6. Mi actriz favorita ___ Zoe Saldana.

4 Copy and complete the text with the correct present tense verb.

Me llamo Fabio. Los lunes **1** ___ a la piscina, donde **2** ___ natación. Los martes mis hermanos y yo **3** ___ salsa, **4** ___ miembros de un club. Los miércoles mi hermana **5** ___ el piano. También **6** ___ canciones a menudo. Los jueves mis hermanos **7** ___ para mi familia. Los viernes **8** ___ libros y **9** ___ helados. ¡Ñam, ñam!

bailamos | leo | cocinan | toca | voy | somos | como | hago | escribe

The near future tense

You use the near future tense to say what you are going to do. To form the near future tense, use the present tense of **ir** (to go) plus **a**, followed by the infinitive.

Voy a ver un partido de fútbol. I am going to see a football match.

Vamos a jugar al tenis. We are going to play tennis.

5 Write six sentences using an element from each section. Translate your sentences into English.

Mañana	voy a	bailar	natación.
Esta tarde	vas a	ser	una tarta.
El fin de semana que viene	va a	ir	genial.
En dos años	vamos a	estudiar	Zumba®.
En julio	vais a	comer	ciencias.
En el futuro	van a	hacer	a un parque acuático.

6 Translate the sentences into Spanish.

1 We are going to see a horror film.
2 Are you (singular) going to come?
3 They are going to go to Italy.
4 In the future, I am going to study English.
5 It's going to be cool.
6 Are you (plural) going to take photos?

Using different tenses

Use the present tense to describe something that you are doing now or that you regularly do.

Use the near future tense to talk about what you are going to do.

Bailo salsa una vez a la semana. I dance salsa once a week.

Mañana voy a bailar flamenco. Tomorrow I am going to dance flamenco.

7 Present or near future? Choose the correct verb form for each gap.

Los fines de semana **1** voy / voy a ir al parque, donde **2** voy a jugar / juego al voleibol. **3** Soy / Voy a ser miembro de un club de voleibol. ¡Me encanta! El sábado que viene **4** voy a jugar / juego todo el día porque **5** participo / voy a participar en una competición de voleibol en mi insti. El año que viene **6** veo / voy a ver un torneo en Madrid.

8 Copy the text and put the infinitives in brackets into the yo ('I') form of the correct tense.

1 (Ser) entrenador de judo. **2** (Hacer) judo todos los días y **3** (ser) cinturón negro. En el futuro **4** (abrir) una escuela de judo y **5** (dedicar) mi vida a las artes marciales. También **6** (estudiar) taekwondo.

Opiniones Opinions

¿Qué cosas te gustan?	What things do you like?
¿Qué cosas te encantan / te chiflan?	What things do you love?
¿Qué cosas no te gustan (nada)?	What things do you not like (at all)?
Me gusta(n) (mucho)…	I like… (a lot).
Me encanta(n) / Me chifla(n)…	I love…
No me gusta(n) (nada)…	I don't like… (at all).
el deporte	sport
el dibujo	drawing
el fútbol	football
el racismo	racism
la música	music
la tele	TV
la violencia	violence
los animales	animals
los deberes	homework
los insectos	insects
los videojuegos	video games
las artes marciales	martial arts

En mi tiempo libre In my free time

Soy miembro de un club (de judo).	I am a member of a (judo) club.
Soy miembro de un equipo.	I am a member of a team.
Soy miembro de un grupo.	I am a member of a group / band.

¿Cómo organizas tu semana? How do you organise your week?

Bailo Zumba®.	I dance Zumba®.
Cocino para mi familia.	I cook for my family.
Escribo canciones.	I write songs.
Leo cómics / libros.	I read comics / books.
Monto en bici.	I ride a bike.
Saco fotos.	I take photos.
Toco el teclado.	I play the keyboard.
Veo un partido de fútbol.	I watch a football match.

¿Cuándo? When?

los lunes / martes / miércoles / jueves	on Mondays / Tuesdays / Wednesdays / Thursdays
los fines de semana	at weekends
después del insti(tuto)	after school

Expresiones de frecuencia Expressions of frequency

una vez a la semana	once a week
dos veces a la semana	twice a week
a veces	sometimes
a menudo	often
siempre	always
(casi) todos los días	(almost) every day
todos los fines de semana	every weekend

Cartelera de cine What's on at the cinema

¿Qué tipo de película es?	What type of film is it?
Es…	It is…
una comedia	a comedy
una película de acción	an action film
una película de animación	an animated film
una película de aventuras	an adventure film
una película de ciencia ficción	a science-fiction film
una película de fantasía	a fantasy film
una película de superhéroes	a superhero film
una película de terror	a horror film

¿Qué tipo de películas te gustan? What type of films do you like?

Me encantan las comedias.	I love comedies.
Me chiflan las películas de ciencia ficción.	I love science-fiction films.
No me gustan las películas de terror.	I don't like horror films.
Mi película favorita es…	My favourite film is…
Mi actor favorito es…	My favourite actor is…
Mi actriz favorita es…	My favourite actress is…

¿Vas a menudo al cine? Do you often go to the cinema?

Voy una vez al mes.	I go once a month.
Voy dos veces al mes.	I go twice a month.
Voy los domingos por la tarde.	I go on Sunday afternoons / evenings.
Voy los sábados por la mañana.	I go on Saturday mornings.

¿Cuándo vas a celebrar tu cumpleaños? When are you going to celebrate your birthday?

mañana	tomorrow
la semana que viene	next week
el fin de semana que viene	next weekend
el mes que viene	next month
el nueve de febrero	on the ninth of February

¿Cómo vas a celebrar? How are you going to celebrate?

Voy a hacer karting.	I am going to do go-karting.
Voy a ir a la bolera.	I am going to go bowling.
Voy a ir a un parque de atracciones.	I am going to go to a theme park.
Voy a jugar al paintball.	I am going to play paintball.
Voy a pasar la noche en casa con mis amigos/as.	I am going to have a sleepover at home with my friends.
Voy a sacar muchas fotos.	I am going to take lots of photos.
Vamos a montar en una montaña rusa.	We are going to ride a roller coaster.
Vamos a ver películas de terror.	We are going to watch horror films.
¡Va a ser genial!	It's going to be great!

Palabras muy frecuentes High-frequency words

casi	nearly, almost
primero	first
luego	then
después	afterwards
más tarde	later
o	or
y	and
pero	but
también	also, too
por supuesto	of course
además	in addition, furthermore

Estrategia 1

Using the present tense

In this module you have revised two important irregular verbs – **ser** (to be) and **ir** (to go) – as well as the endings for regular verbs in the present tense.

How do you know if you *really* know a verb? Ask yourself:

- Do I know what it means when I see it?
- Can I pronounce it?
- Can I spell it correctly?
- Can I use it in a sentence?

1 Work with a partner. Test each other.
Example: ● 'we dance'?
■ 'bailamos'

2 Now ask your partner to use the verb in a sentence.
Example: ● ¿En una frase?
■ Los viernes bailamos Zumba®.

Practise all the parts of these regular verbs until you know them well:

bailar	(to dance)
cocinar	(to cook)
montar en bici	(to ride a bike)
sacar fotos	(to take photos)
tocar	(to play – an instrument)
leer	(to read)
ver	(to see)
escribir	(to write)

Also try writing these two irregular verbs out in full:

ser (to be)	**ir** (to go)
soy	voy
eres	vas
...	...

Así soy yo

- Writing a rap
- Using rhyme and rhythm in Spanish

Con tu compañero/a, empareja las palabras que riman.

Ejemplo: animales – artes marciales

animales	pasión
animación	amor
violencia	fenomenal
genial	artes marciales
terror	fascinante
importante	existencia

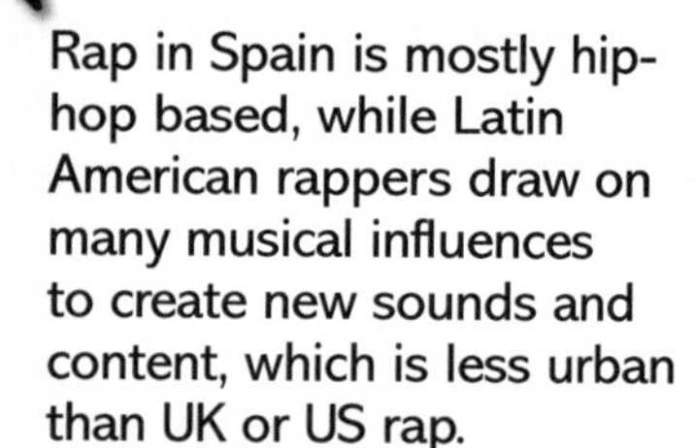

Rap in Spain is mostly hip-hop based, while Latin American rappers draw on many musical influences to create new sounds and content, which is less urban than UK or US rap.

Empareja las frases que riman y tienen el mismo ritmo.

Match up the sentences that rhyme and have the same rhythm.

Ejemplo: **1** d

1 Fanático del fútbol – así soy yo.
2 Me gustan mucho los conciertos.
3 El deporte es mi pasión.
4 Me chifla el baile. ¡Fenomenal!
5 A mí me chiflan las pelis de terror.

a A mí me encanta la acción.
b No me gustan nada las pelis de amor.
c Me gusta la música. ¡Es genial!
d Juego en un equipo – soy miembro.
e Siempre voy con mis amigos.

la peli *film* (shortened form of **película**)

Lee las frases del ejercicio 2 en voz alta y con ritmo.

Escucha y comprueba tus respuestas.

Lee el rap y completa las frases con las palabras del recuadro.

flamenco	saxofón
semana	amigo
soy	gusta

Fanático de la música – así soy yo.
Fanático de la música – así **1** ——— yo.
Me chiflan la música pop, el rock y el tecno.
Me gustan también el rap y el **2** ———.

Fanático de la música – así soy yo.
Fanático de la música – así soy yo.
Soy miembro de un grupo. Toco el **3** ———.
Escribo canciones y ¡me **4** ——— un montón!

Fanático de la música – así soy yo.
Fanático de la música – así soy yo.
La **5** ——— que viene voy a ir a un concierto.
Es mi cumpleaños y voy con mi **6** ———.

Fanático de la música – así soy yo.
Fanático de la música – así soy yo.

un montón *lots, loads*

Escucha y comprueba tus respuestas.

Escribe las letras de las frases correctas para cada persona.

1 Fanático de la comida – así soy yo.

2 Fanática de la moda – así soy yo.

Remember that adjectives ending in **-o** change their spelling: **fanático** is for a boy, and **fanática** for a girl.

- **a** Me chifla la moda, soy fanática.
- **b** Mañana voy a preparar una tarta de limón.
- **c** Los fines de semana siempre voy de compras.
- **d** Voy a comprar una chaqueta amarilla.
- **e** Me encantan el pollo y las patatas fritas.
- **f** No voy sola, voy con mis amigas.
- **g** Normalmente cocino todos los días.
- **h** Es el cumpleaños de mi amigo Ramón.

Utiliza las frases del ejercicio 7 para escribir dos raps posibles, uno para cada persona.

Ejemplo:

Fanático de la comida – así soy yo.
Normalmente cocino todos los días.
...

Con tu compañero/a, haz una lluvia de ideas sobre frases para un rap.
With your partner, brainstorm phrases for a rap.

Fanático/a del fútbol – así soy yo.

Fanático/a del cine – así soy yo.

Look at the **Palabras** section in this module to help you with ideas and vocabulary.

mi actor favorito / muy divertido

las películas de fantasía / cada día

Con tu compañero/a, escribe el rap 'Fanático/a del fútbol – así soy yo' o 'Fanático/a del cine – así soy yo'.

- Use the structure of the rap in exercise 5 to help you.
- Think about the rhymes for each pair of lines.
- Come up with a 'beat' and practise saying your lines in rhythm.
- Write at least three verses.
- Try to refer to the present and the future.

Con tu compañero/a, haz un vídeo o una presentación de tu rap.

¡Oriéntate!

Enrique Iglesias trabaja como…

- **a** conductor de autobuses.
- **b** cantante.
- **c** astronauta.

Pablo Picasso trabajó como…

- **a** fotógrafo.
- **b** policía.
- **c** artista.

¿Dónde trabaja…?

1. un mecánico
2. un profesor
3. un médico
4. un camarero

Trabaja en…

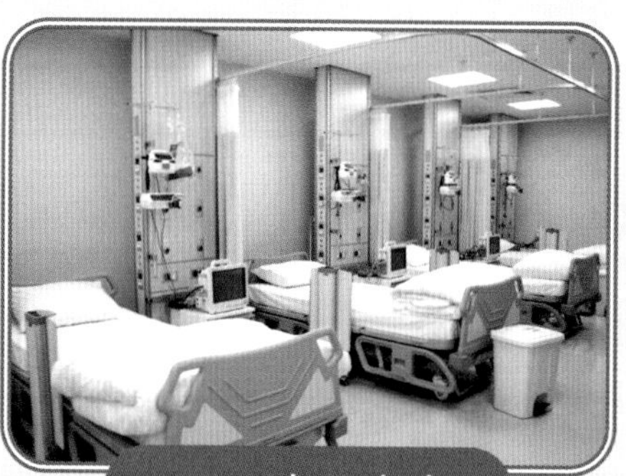

a un hospital.

b un garaje.

c un restaurante.

d un instituto.

¿Quién trabaja como...?

1 actriz
2 tenista
3 piloto de Fórmula 1
4 futbolista
5 diseñadora

a Sergio Pérez

b Penélope Cruz

c Dani Carvajal

d Agatha Ruiz de la Prada

e Rafael Nadal

En tu opinión, ¿cuál es el orden de importancia de estas industrias en España?

a ropa y textil
b turismo
c automóviles
d alimentos y bebidas

Did you know that the high street fashion stores *Zara* and *Mango* are both Spanish? *Zara* launches around 10,000 new designs each year and it takes just two to three weeks for their designs to become products on the shop floor! Of these products, 50% are made in and around Spain, 26% in the rest of Europe and the remaining 24% in other parts of the world.

¿Qué tipo de persona trabaja como payaso?

Trabajar como payaso

Trabajar como payaso es una opción ideal para muchos jóvenes extrovertidos y también para adultos. No hay límite de edad, sólo es necesaria una personalidad divertida, creativa y paciente.

Hotel Desastre

- Saying what you have to do at work
- Using **tener que**

Escucha y escribe la letra correcta. (1–7)

Ejemplo: **1** c

¿En qué trabajas?

a

Soy cocinero / cocinera.

b

Soy camarero / camarera.

c

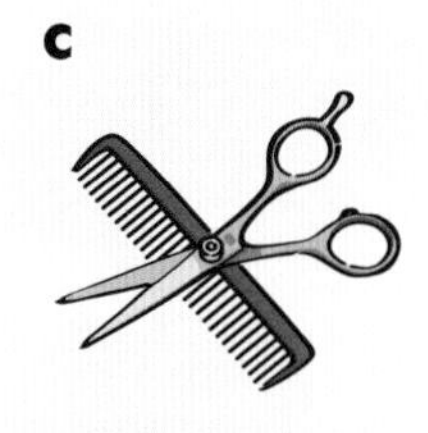

Soy peluquero / peluquera.

d

Soy jardinero / jardinera.

e

Soy limpiador / limpiadora.

f

Soy dependiente / dependienta.

g

Soy recepcionista.

When saying what job you do, you don't use an indefinite article (**un** or **una**).
Soy camarero. I am **a** waiter.

Some job titles have different masculine and feminine endings:

cocinero → cocinera
dependiente → dependienta

However, some don't change, e.g. **recepcionista**.

Escucha otra vez e indica la opinión. (1–7)

Ejemplo: **1**   

SKILLS

Giving your opinion
Remember that you can use these expressions to give an opinion about something you've already mentioned:

¡Me encanta!	♥♥♥
¡Me gusta mucho!	♥♥
¡Me gusta!	♥
¡No me gusta!	✗
¡No me gusta nada!	

Con tu compañero/a, pregunta y contesta.

- ● ¿En qué trabajas?
- ■ Soy peluquera. ¡Me gusta mucho!

Pronunciación

Remember, in Spanish **j** is pronounced as a raspy **h** sound, e.g. **j**ardinero, traba**j**o, **j**efe.

a María – hairdresser 
b Simón – waiter 
c Sandra – receptionist 
d Claudia – gardener 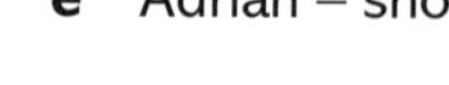
e Adrián – shop assistant 

Escucha y lee. ¿Quién habla? Escribe la letra correcta. Sobra una letra.

Ejemplo: **1** d

los clientes	*customers*
mi jefe	*my boss*

¿Qué tienes que hacer?

1 Tengo que cortar el pelo a los clientes. Me gusta mi trabajo porque es creativo y fácil.

2 Tengo que hablar por teléfono y ayudar a los clientes. No me gusta porque es estresante y los clientes no son simpáticos.

3 Tengo que preparar comida en la cocina. No me gusta mi trabajo porque es repetitivo. También, mi jefe es severo.

4 Tengo que vender productos en la tienda. Me encanta mi trabajo porque es interesante y los clientes son muy simpáticos.

5 Tengo que limpiar habitaciones. No me gusta nada mi trabajo porque es monótono. También, los clientes son horrorosos.

Gramática

tener + **que** + infinitive = to have to

tener	to have
tengo	I have
tienes	you have
tiene	he/she has
tenemos	we have
tenéis	you (plural) have
tienen	they have

Tengo que limpiar habitaciones.
I have to clean rooms.

>> p46

Busca el equivalente de las frases en español en el ejercicio 4.

Ejemplo: **1** tengo que limpiar habitaciones

1 I have to clean rooms
2 I have to speak on the telephone
3 … and help customers
4 I have to sell products
5 I have to prepare food
6 I have to cut customers' hair

Traduce las frases al español.

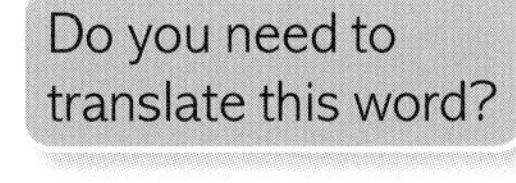

Use the infinitive: **servir** (to serve) / **ayudar** (to help).

Use the correct connective.

es = 'is/it is', **son** = 'are/they are'.

1 I am a waitress.
2 I have to serve food.
3 Also, I have to help the customers.
4 I like my job because it is interesting and easy.
5 My boss is strict, but the customers are nice.

Inventa entrevistas con Álex (dependiente) y Luz (peluquera). Utiliza tu imaginación.

Make up interviews with Álex (a shop assistant) and Luz (a hairdresser). Use your imagination.

- ¿En qué trabajas?
- ¿Qué tienes que hacer en tu trabajo?
- ¿Te gusta?
- ¿Por qué (no)?

¿En qué te gustaría trabajar?

- Saying what job you would like to do
- Using correct adjective agreement

Manuel y Alejandra hacen una encuesta. Escucha y apunta las respuestas.

Ejemplo:

	Manuel	Alejandra
1	b	…

¿Qué te gustaría hacer?

Me gustaría…

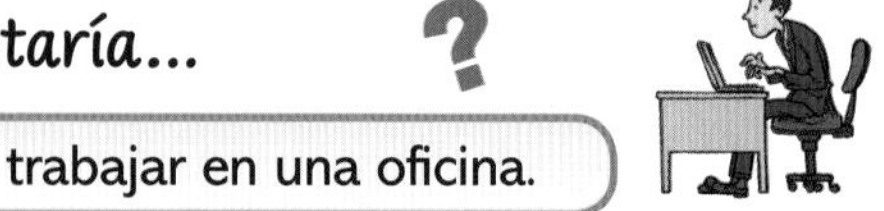

1 a trabajar en una oficina. b trabajar al aire libre.

2 a trabajar solo/a.

b trabajar en equipo.

3 a hacer un trabajo creativo.

b hacer un trabajo manual.

¿Qué no te gustaría nada hacer?

No me gustaría nada…

4 a trabajar con niños.

b trabajar con animales.

You use **me gusta** to say what you like doing, but **me gustaría** to say what you would like to do. It is often followed by the infinitive:

¿Qué **te gustaría** hacer?	What would you like to do?
Me gustaría trabajar en una oficina.	I would like to work in an office.

Con tu compañero/a, haz la encuesta del ejercicio 1.

- Pregunta número uno: ¿Qué te gustaría hacer? ¿Trabajar en una oficina o trabajar al aire libre?
- Me gustaría…

Escucha y escribe los adjetivos correctos para Manuel y Alejandra.

Manuel: ✓ **1** práctico **2** ___ ✗ **3** ___

Alejandra: ✓ **4** ___ **5** ___ ✗ **6** ___

¿Qué tipo de persona eres?

- ☐ sociable
- ☐ organizado/a
- ☐ hablador(a)
- ☐ paciente
- ☐ ambicioso/a
- ☐ trabajador(a)
- ☐ independiente
- ☐ práctico/a

Gramática

Remember, adjectives must agree in gender and in number with the nouns they describe.

singular		plural	
masculine	**feminine**	**masculine**	**feminine**
práctico	práctic**a**	práctico**s**	práctica**s**
sociable	sociable	sociable**s**	sociable**s**
habla**dor**	habla**dora**	habla**dores**	habla**doras**

>> p46

Lee los textos y decide cuál es el trabajo perfecto para cada persona.
Read the texts and decide which is the perfect job for each person.

creo que	*I think that*
por eso	*so, therefore*

Ejemplo: **1** profesor

1 Creo que soy muy paciente y bastante inteligente. Me gustaría trabajar con niños. Por eso me gustaría ser…

2 Creo que soy muy práctica y bastante independiente, pero no soy habladora. No me gustaría trabajar en una oficina. Por eso me gustaría ser…

3 En mi opinión, soy trabajadora y muy ambiciosa. Me gustaría hacer un trabajo creativo. Por eso me gustaría ser…

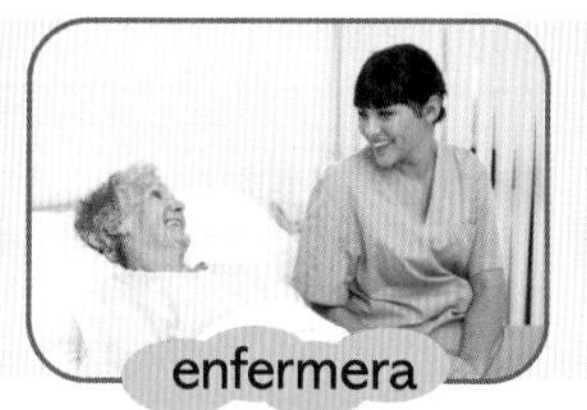

4 Soy sociable y responsable, pero no soy práctico. No me gustaría nada trabajar con animales. Por eso me gustaría ser…

Imagina que eres Susana y Carlos y escribe dos textos. Utiliza los textos del ejercicio 4 como modelo.

Ejemplo: Susana – Creo que soy muy práctica e…

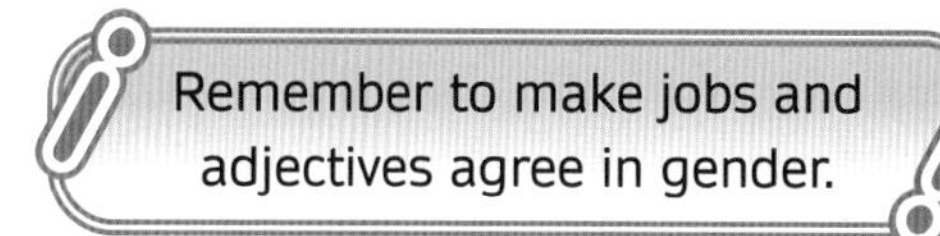

Susana
✓ practical + independent
✗ ambitious
☺ outdoors
☹ in an office
→ gardener

Carlos
✓ patient + hard-working
✗ creative
☺ in a team
☹ with animals
→ nurse

Escucha. ¿Qué tipo de persona es? ¿Qué le gustaría hacer? Copia y completa la tabla en inglés. (1–8)

	character	preferred job
1	ambitious	singer

¿Y tú? ¿Qué tipo de persona eres? ¿Qué te gustaría hacer? Habla con tu compañero/a. Luego cierra el libro y repite el diálogo.

- ¿Qué tipo de persona eres?
- ■ Creo que soy… y…, pero no soy…
- ¿Qué te gustaría hacer?
- ■ Me gustaría…, pero no me gustaría nada… Por eso me gustaría ser…

¿Qué tal ayer en el trabajo?

- Saying what you did at work yesterday
- Using the preterite of regular verbs

Escucha y lee.

Me llamo Antonio y soy programador.

Ayer por la mañana **llegué** tarde al trabajo – ¡a las diez!

Primero **hablé** por Skype™ con mi prima en Colombia… ¡durante dos horas!

Luego **jugué** a un videojuego. ¡Qué divertido!

Comí una hamburguesa y **bebí** una botella de cola.

Por la tarde **escribí** SMS a mis amigos y **escuché** música.

Un poco más tarde **dormí** un poco.

Finalmente **perdí** mi trabajo. Sin embargo, no sé por qué – ¡soy muy trabajador!

sin embargo *however*
no sé por qué *I don't know why*

Lee el texto otra vez. Busca el equivalente de los verbos en español.

Ejemplo: **1** comí

1 I ate
2 I talked
3 I slept
4 I drank
5 I listened to
6 I arrived
7 I played
8 I wrote
9 I lost

Gramática

You use the preterite (simple past tense) to talk about completed events in the past.
Do you remember the endings for each group of regular verbs?

-ar verbs		**-er** verbs		**-ir** verbs	
hablar	to talk	**comer**	to eat	**escribir**	to write
hablé	I talked	**comí**	I ate	**escribí**	I wrote
hablaste	you talked	**comiste**	you ate	**escribiste**	you wrote
habló	he/she talked	**comió**	he/she ate	**escribió**	he/she wrote
hablamos	we talked	**comimos**	we ate	**escribimos**	we wrote
hablasteis	you (plural) talked	**comisteis**	you (plural) ate	**escribisteis**	you (plural) wrote
hablaron	they talked	**comieron**	they ate	**escribieron**	they wrote

Some verbs have a spelling change in the 'I' form: jugué, llegué, navegué.

>> p47

Escucha a Clara y pon los dibujos en el orden correcto.

Ejemplo: b, …

a

b

c

d

e

f

Con tu compañero/a, imagina que eres Silvia o Eduardo. Describe tu día de ayer. Utiliza las letras de los dibujos del ejercicio 3.

Ejemplo:

- Por la mañana llegué a las once y media. Primero… Luego… Un poco más tarde…

  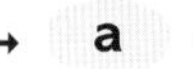   

Silvia: b → f → a → d → e

Eduardo: b → c → e → a → d

SKILLS

Structuring a story

Remember to use **sequencers** and **time phrases** to help you structure a story:

Primero…	First…
Luego…	Then…
Un poco más tarde…	A little later…
Finalmente…	Finally…
Por la mañana…	In the morning…
Por la tarde…	In the afternoon…

Íñigo es muy trabajador. Copia el texto y elige los verbos correctos.

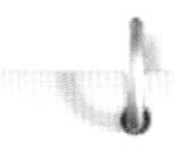   

a la hora de comer	*at lunchtime*
me dio un incremento de salario	*he gave me a salary increase*

Me llamo Íñigo y soy recepcionista. Ayer por la mañana llegué / escribí a las siete y media. Primero escuché / dormí mis mensajes y luego hablé / jugué con los clientes. A la hora de comer dormí / comí un bocadillo y bebí / escuché limonada. Por la tarde escribí / perdí muchos correos. No navegué / llegué por Internet. Trabajé / Dormí mucho porque soy muy trabajador. ¡Finalmente mi jefe me dio un incremento de salario!

Escucha y comprueba tus respuestas.

Imagina que tienes un trabajo. Describe tu día de ayer.

- Use your imagination. Did you work hard (like Íñigo) or find other things to do (like Antonio and Clara)?
- Write what time you arrived in the morning **(Ayer por la mañana llegué a las…)**.
- Write what you did first, next, etc. **(Primero… Luego…)**.
- Write what you did in the afternoon **(Por la tarde… Finalmente…)**.

¿Cómo es un día típico?

- Describing your job
- Using the present and the preterite together

1 Escucha y lee la entrevista. Pon los dibujos en el orden correcto.

¿En qué trabajas?
Soy guía turístico.

¿Cómo es un día típico?
Primero voy a la oficina y preparo el programa de actividades para los turistas. Escribo correos, organizo excursiones y hago reservas para las visitas. Luego salgo con los grupos por la tarde.

¿Qué idiomas hablas?
Hablo español, inglés y alemán. Los idiomas son muy importantes en mi trabajo porque viajo mucho.

¿Te gusta tu trabajo?
Sí, me encanta mi trabajo porque es muy variado. El año pasado organicé una visita para el equipo de fútbol de Inglaterra y preparé un programa especial. Conocí a todos los futbolistas y viajé en un helicóptero privado. También fui a una fiesta, donde hablé con el entrenador.
¡Fue fantástico!

los idiomas	*languages*
conocí a	*I met*
el entrenador	*trainer, coach*

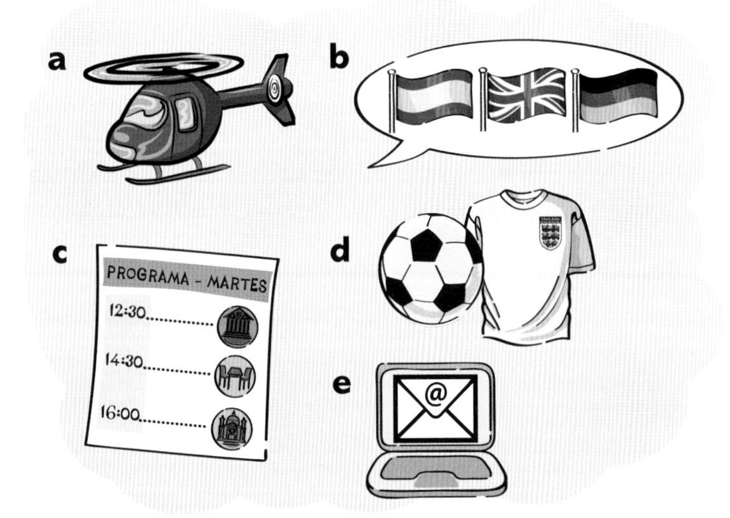

Gramática

Use the **present tense** to talk about what usually happens and the **preterite** to talk about completed actions in the past.

present	preterite
viajo (I travel)	viajé (I travelled)
salgo (I go out)	salí (I went out)

>> p47

2 Copia y completa la tabla con los verbos del ejercicio 1.

infinitive		present	preterite
escribir	(to write)		escribí
hablar	(to speak)	hablo	
hacer	(to do / make)		hice
ir	(to go)	voy	
salir	(to go out)		salí
viajar	(to travel)		

Zona Cultura

Spanish is the second most widely spoken native language in the world after Mandarin! If you want to work in industry, fashion or tourism, for example, it is an extremely useful language to learn.

Gramática

The verb **ir** (to go) is irregular in the present (**voy**, **vas**, **va**…) and in the preterite:

fui	I went	**fuimos**	we went
fuiste	you went	**fuisteis**	you (plural) went
fue	he/she went	**fueron**	they went

Remember that **fue** can also mean 'he/she/it was'.
Some other verbs are also irregular in the preterite, e.g. **hacer**:
hago (I do / make) → **hice** (I did / made)

>> p47

3 Escucha y completa la canción con las palabras del recuadro. Luego ¡canta!

Soy diseñadora, diseñadora,
Soy creativa y ambiciosa.
Voy a la oficina por la mañana,
Donde **1** —— *todo el día.*

Diseño chaquetas y camisetas,
Viajo a Londres, París y Milán.
2 —— *inglés, francés, italiano,*
Voy a fiestas, **3** —— *champán.*

Conocí a Lady Gaga, a Lady Gaga,
El año pasado en Nueva York.
Ahora soy rica y famosa
Porque **4** —— *su nuevo look.*

Soy periodista, periodista,
Soy sociable y organizado.
Voy a la oficina por la mañana,
Donde trabajo con mi equipo.

5 —— *entrevistas con futbolistas,*
Cantantes y actores famosos.
Voy a conciertos, **6** —— *fotos,*
7 —— *artículos escandalosos.*

Conocí a Angelina, a Angelina,
En los Oscar el año pasado.
Ahora no soy rico ni famoso
¡Porque **8** —— *en su vestido!*

hago	bebo
saco	vomité
escribo	hablo
diseñé	trabajo

Con tu compañero/a, haz esta entrevista.

- ¿En qué trabajas?
  - Soy ___.
- ¿Cómo es un día típico?
  - Primero *(ir)* al restaurante y luego *(preparar)* comida.
- ¿Qué idiomas hablas?
  - *(Hablar)*  .
- ¿Te gusta tu trabajo?
  - Sí, 👍👍👍 mi trabajo porque es… Ayer *(conocer)* a Hugh Jackman. ¡Fue…!

Escribe una entrevista con Mónica. Copia las preguntas del ejercicio 4.

Mónica – azafata

- Soy…
- Primero… y luego…
- Hablo…
- Me gusta mi trabajo…
- Ayer… y…
- También…
- ¡Fue… !

air hostess
goes to airport + prepares plane
German, English, Italian
likes job – practical
travelled to New York + met Katy Perry
went to a party
fantastic

al aeropuerto	*to the airport*
el avión	*plane*

Mi diccionario y yo

- Checking for accuracy and looking up new words
- Using reference materials

WRITING SKILLS

Identifica los errores. Escribe la versión correcta de cada palabra.

1 pelukero
2 professor
3 mecanico
4 idiommas
5 disenadora
6 cocinéro

SKILLS

Checking your spelling

Always check your spelling, including accents. You can look in:

- the vocabulary pages near the end of each module
- the *Minidiccionario* at the back of the book
- a dictionary.

Remember this tip: the four consonants in the word **CaRoLiNa** are the only ones that can be written as double letters in Spanish (e.g. **acción** but **programador**, not **programmador**). Be careful though – this doesn't mean they are always written as double letters!

Copia y completa las frases con 'un' o 'una'.

Ejemplo: 1 Como un bocadillo a la hora de comer.

1 Como ___ bocadillo a la hora de comer.
2 Soy presentador de ___ programa de televisión.
3 Soy camarero en ___ restaurante mexicano.
4 Trabajo en ___ universidad muy grande.
5 Organicé ___ visita para ___ grupo de turistas.

SKILLS

Checking the gender of nouns

You also need to check the gender of each noun. Use one of the three sources listed above. It is always best to check, but remember:

- nouns ending in **-o** are usually masculine (e.g. **un instituto**)
- nouns ending in **-a** are usually feminine (e.g. **una tienda**).

This saying is useful for words which don't follow that rule:
In Spanish, **dad** is usually feminine and **ma** is usually masculine!

(e.g. una responsabilidad, un idioma).

Con tu compañero/a, busca y corrige los siete errores en la entrevista.

Ejemplo: un ciudad → una ciudad

Trabajos creativos

mis cosas *my things*

Entrevista con Marcos Sánchez

¿En qué trabajas?
Soy arquitecto. Trabajo en un ciudad en el norte de Espana.

¿Cómo es un día típico?
Primero preparo mis cosas y luego voy a la officina, donde hablo con mi equipo. A la hora de comer como un hamburguesa y bebo una limonada.

¿Te gusta tu trabajo?
Sí, me gusta mucho porque es interessante y muy practico. Sin embargo, tengo una problema: mi jefe no es muy simpático.

> **SKILLS**
> **Starting with what you know**
> Always start a piece of writing by using language that you know. Only use a dictionary to look up words you don't know – but make sure you choose the right word! In exercise 4, how many words would you need to look up?

Traduce las frases al español.

1 I am hard-working and polite.
2 I would like to be an engineer.
3 I organise weddings.
4 I speak three languages: Spanish, Chinese and Arabic.
5 I am a shop assistant and I work in a pharmacy.

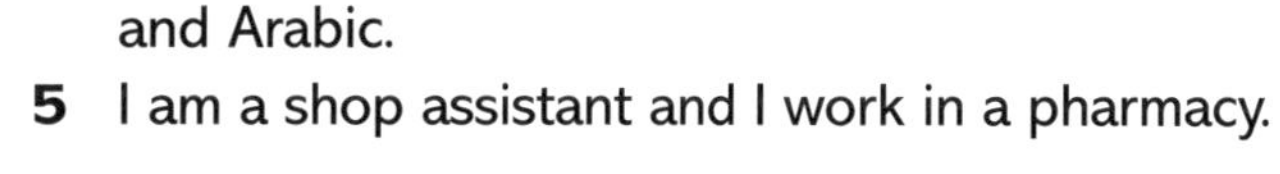

> **SKILLS**
> **Using translation tools and dictionaries**
> Be wary of online translation tools! Like dictionaries, they can often lead to 'howlers'.
> Think about the word 'bank'. Would the translation be the same in these three sentences?
> - I work in a **bank**.
> - You can **bank** on it.
> - He rolled down the grassy **bank**.

Busca la traducción apropiada en español para la palabra subrayada.

Look up the appropriate translation into Spanish for the underlined word.

1 I work in a bar.
2 Do you have a bar of soap?
3 The music has four bars.
4 He spent three years behind bars.

Traduce el texto al español. ¡Cuidado con las palabras subrayadas – tienen diferentes traducciones posibles!

Translate the text into Spanish. Take care with the underlined words – they have different possible translations!

I am a lawyer and I work in Valencia. I think I am intelligent and hard-working. I am quite serious but I am very dynamic, too. Every day, first I prepare my things and then I go to the court. Sometimes I write letters. At lunchtime I eat a roll. I like my job but it is hard because the clients are demanding.

> Make sure you:
> - choose the correct word if using a dictionary
> - use correct:
>   - spelling
>   - accents
>   - gender of nouns.

¡A trabajar!

- Coping with authentic texts
- Skimming and scanning a text

READING SKILLS

1 LEER

Lee el texto en 60 segundos. ¿A qué se refiere?

SKILLS — Skimming a text

It's often a good idea to start by **skimming** a text (reading quickly to get the gist), without trying to understand the detail.

¿Qué colores son ideales para una entrevista de trabajo?

Decidir qué ropa llevar para una entrevista es esencial para causar una buena primera impresión. Un estudio reciente concluye que:

- el color perfecto es el azul
- el naranja es el peor color
- el negro denota un buen líder
- el blanco indica una persona organizada
- el verde, el morado y el amarillo están asociados con personas creativas.

Lee el texto otra vez. Copia y completa las frases en inglés.

1 Deciding what ____ is essential for giving a good first impression.
2 A recent study concluded that blue ____.
3 ____ is the worst colour.
4 Black suggests a good ____. White indicates ____.
5 Colours such as green, purple ____.

SKILLS — Scanning a text

You do not always need to understand every word. Try to **scan** the text to find the specific information you need, e.g. a place or a job.

Lee las frases y escribe la(s) letra(s) correcta(s) para cada una.

¿Sabes en qué trabajaron antes de convertirse en famosos?

Beyoncé trabajó en la peluquería de su madre.

Matthew McConaughey trabajó como lavaplatos en Australia.

Julia Roberts sirvió helados.

Jennifer Aniston trabajó de recepcionista y también trabajó en una hamburguesería.

a 

b 

c 

d 

e 

4 Lee el texto y contesta a las preguntas en inglés.

ENTRENADOR PERSONAL

Un entrenador personal trabaja en un gimnasio o visita a los clientes en casa. Primero prepara un programa individual para el cliente.

Una sesión típica dura 60 minutos. Incluye ejercicios diseñados para trabajar diferentes aspectos: flexibilidad, equilibrio, fuerza, sistema cardiovascular.

Características necesarias

Un entrenador personal tiene que:

- ser un excelente comunicador
- motivar a sus clientes
- resolver problemas
- crear ideas nuevas

Educaweb.com

SKILLS

Using the four Cs when reading for detail

Sometimes you have to understand the detail of a text.

To work out the meaning of new words, use the four Cs!

- **Clues** (e.g. questions in English)
- **Cognates** and near-cognates
- **Context** of the sentence/text
- **Common sense!**

1. According to the text, in which two places does a personal trainer work?
2. What does he/she prepare first?
3. How long is a typical session?
4. Name two aspects of fitness that a typical session develops.
5. Name three qualities that a personal trainer needs.

5 Escucha y lee el poema. Pon las fotos en el orden correcto.

Yo quiero ser...

Yo quiero ser bombero
de esta gran ciudad
y apagar incendios
con mucha amabilidad.

Yo quiero ser carpintero
de mi pequeña comunidad
y construir muchos muebles
para su comodidad.

Yo quiero ser policía
de esta comunidad
y cuidarla noche y día
para conservar su seguridad.

Yo quiero ser enfermera
de mi comunidad
y a todos inyectar
para evitar una enfermedad.

Manu Sánchez Montero

a

b

c

d

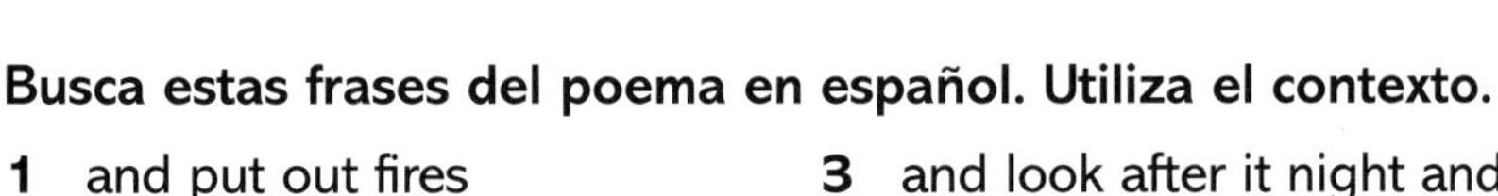

6 Busca estas frases del poema en español. Utiliza el contexto.

1. and put out fires
2. and build lots of furniture
3. and look after it night and day
4. to maintain its security
5. in order to avoid an illness

7 Con tu compañero/a, contesta a las preguntas en inglés.

1. Do you like this poem? Why / Why not?
2. What is your favourite verse of the poem? Why?

● say what job I do	**Soy cocinero/a. Soy recepcionista.**
● say what I have to do at work	**Tengo que preparar comida.**
● give an opinion about my job	**No me gusta nada mi trabajo.**
● give reasons	**porque es estresante y mi jefe no es simpático**
■ use **tener que** + infinitive	**Tiene que hablar por teléfono.**

● give details about my ideal job	**Me gustaría trabajar en equipo.**
● say what I am like	**Soy paciente y muy organizado/a.**
● say what job I would like to do	**Me gustaría ser policía.**
■ use correct adjective agreement	**Soy creativo. Soy ambiciosa.**

● say what I did at work yesterday	**Ayer llegué tarde al trabajo.**
■ use the preterite of regular verbs	**Escribí SMS y escuché música.**
S use sequencers to structure a story	**Primero hablé por Skype™ y luego dormí un poco.**

● describe a typical day at work	**Voy a la oficina y preparo el programa.**
● say what languages I speak	**Hablo inglés y alemán.**
● describe something that I did at work	**El año pasado conocí a Taylor Swift.**
■ use the present tense and the preterite	**Viajo mucho. La semana pasada viajé a Ibiza.**
■ use the preterite of the irregular verb **ir**	**Fui a una fiesta en un hotel.**

- S use reference materials to check accuracy: spelling, accents and gender
- S understand the pitfalls of online translation tools
- S choose the correct word when looking up words with more than one meaning

- S skim a text for gist before trying to understand the detail
- S scan a text to find a specific piece of information
- S use the **'four Cs'** (**clues**, **cognates**, **context** and **common sense**), to understand authentic texts in detail

¡REPASO!

¡Ready!

1 **Write down six jobs in Spanish.**

2 **In pairs. Take turns to say these sentences. Check your partner's pronunciation.**

Me llamo Jorge y soy jardinero.

Me chifla mi trabajo y mi jefe es genial.

Viajé a Argentina y jugué a un videojuego.

3 **Put these adjectives in the correct column.**

adjective used to describe		
a person	a job	both

creativo, hablador, inteligente, severo, organizado, repetitivo, sociable, responsable, paciente

¡Get set!

4 **Match the questions with the correct answers.**

1 ¿En qué trabajas?
2 ¿Te gusta tu trabajo?
3 ¿Qué tipo de persona eres?
4 ¿Qué te gustaría hacer?
5 ¿Qué idiomas hablas?

a Soy práctico y ambicioso.
b Hablo español y francés.
c Soy recepcionista.
d Me gustaría trabajar con animales.
e No, no me gusta porque es estresante.

5 **In pairs. Use the questions from exercise 4 and change the underlined words to make up your own dialogue.**

6 **Translate the text into English.**

Soy camarero en un hotel. Tengo que servir en el restaurante. Creo que soy trabajador y sociable. Me gusta mi trabajo porque los clientes son simpáticos. Sin embargo, mi jefe es severo.

¡Go!

7 **Which of these verb phrases are in the present tense? Which are in the preterite?**

a comí una tarta
b viajo mucho
c hablo con los clientes
d fui a una fiesta
e conocí a Leo Messi
f escribo SMS
g salgo con mi jefe
h perdí mi móvil

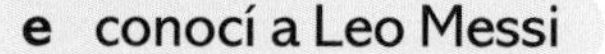

8 **Use the four preterite verbs from exercise 7 to help you write an account about Nacho's day at work yesterday. Use sequencers and time phrases to help you structure your story.**

Ayer por la mañana...

Escucha y completa la tabla en inglés. Escribe el trabajo e indica si la opinión es P (positiva), N (negativa) o P+N (positiva y negativa). (1–4)

	job	P/N/P+N
1		

Drawing conclusions when listening

In this task you won't actually hear the job mentioned. Listen out for clues and draw your own conclusions to work out the answer.

Escucha a Gabriela. ¿De qué habla? Escribe las tres letras correctas.

a	people she works with
b	where she works
c	using languages at work
d	what she did yesterday
e	ambitions for the future
f	why she loves her job

Mira el juego de rol. Prepara tus respuestas.

You are talking to your Spanish friend Inés about your job in a hotel.

- ¿En qué trabajas?
- *(Say what job you do.)* Soy…
- ¿Qué tienes que hacer en tu trabajo?
- *(Say what you have to do in your job.)* Tengo que…
- ¿…?
- !
- ¿Cómo es un día típico?
- *(Say two things you do each day.)* …
- Muy bien.
- ? *(Ask Inés which languages she speaks.)* ¿Qué…?
- Hablo inglés y español.

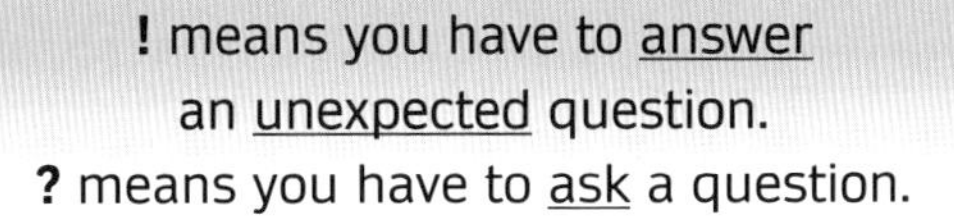

! means you have to answer an unexpected question.
? means you have to ask a question.

Con tu compañero/a, escucha y haz el juego de rol del ejercicio 3 dos veces. (1–2)

Do one complete role play each. Listen to your partner and give feedback on his or her performance.

Each time you will hear a different unexpected question. Be sure to answer with a full sentence.

Descripción de una foto. Mira la foto y prepara tus respuestas a las preguntas. Luego haz diálogos con tu compañero/a.

- ¿Qué hay en la foto?
  En la foto hay… A la izquierda…
- ¿Y a ti? ¿En qué te gustaría trabajar?
  Me gustaría ser…
- ¿Qué tipo de persona eres?
  Soy…

- Use phrases such as **a la derecha** (on the right) to add detail – see page 21.
- Describe the people in the photo.
  La mujer **es** joven y **tiene** el pelo rubio. **Lleva** un jersey blanco.
- Use **creo que** to say where you think they are.
  Creo que están en una tienda.

Lee el texto y contesta a las preguntas en inglés.

El teletrabajo – una opción ideal

El teletrabajo es muy popular en países como Finlandia o Bélgica. Según los expertos, ahorra unos 57 minutos todos los días porque no tienes que viajar a la oficina. Sin embargo, en España solo el 6,7% de las personas trabajan desde casa.

Ángel Perales, diseñador gráfico, describe los beneficios.

'Me encanta trabajar desde casa porque es muy flexible. Soy más independiente porque puedo decidir cuándo trabajo. Hablo con mi jefe por teléfono todos los días y me comunico con mis clientes por correo electrónico. Es muy fácil.

Además, no tengo que viajar a la oficina todos los días y por eso reduce la contaminación atmosférica porque no uso mi coche.'

Si no tienes que ir a la oficina ahorras...

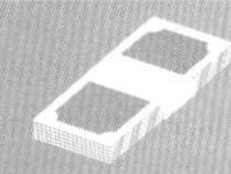
11€ al día

57 minutos al día

=
209 horas y 2500€ al año

ahorrar	*to save*
desde casa	*from home*

1. Name one country where working from home is popular.
2. How much time does it save each day?
3. What does Ángel love about working from home?
4. How does he keep in touch with (a) his boss (b) his customers?
5. How does working from home help the environment?

SKILLS

Using the four Cs

Remember to use **clues** (e.g. the questions in English), **cognates**, **context** and **common sense** to help you understand the detail of the text and work out the meaning of new words.

Imagina que tienes un trabajo.
Escribe una carta a tu amigo/a español(a).

Menciona:

- en qué trabajas ← Say what job you do and where you work.
- tu opinión del trabajo ← Give your opinion. You could also mention the people you work with.
- qué idiomas hablas ← You could use the phrase **un poco de** (a little).
- tu día en el trabajo ayer ← **Ayer** = 'yesterday'. Use at least three preterite verbs.

Try to include:

- **tengo que** + infinitive
- connectives (**porque**, **también**, **sin embargo**)
- sequencers and time phrases (**primero**, **por la tarde**).

Tener que + infinitive

To say what you have to do, you use **tener** + **que** + infinitive.

Tengo que limpiar habitaciones. I have to clean rooms.
Tenemos que preparar comida. We have to prepare food.

Tener is an irregular verb. See the orange box below for how it works in the present tense.

1 Write six sentences containing one element from each box. Translate your sentences into English.

Example: **1** Tengo que hablar por teléfono. I have to talk on the phone.

Tengo		vender	el pelo.
Tienes		cortar	en el restaurante.
Tiene	que	ayudar	a los clientes.
Tenemos		servir	productos en la tienda.
Tenéis		hablar	habitaciones.
Tienen		limpiar	por teléfono.

Adjective agreement

Adjectives describe nouns. Adjective endings change according to whether the noun is masculine or feminine and singular or plural. There are different patterns of agreement, as follows:

	singular		**plural**	
	masculine	**feminine**	**masculine**	**feminine**
ending in **-o**	creativ**o**	creativ**a**	creativ**os**	creativ**as**
ending in **-e**	sociabl**e**	sociabl**e**	sociabl**es**	sociabl**es**
ending in a consonant	fácil	fácil	fácil**es**	fácil**es**
ending in **-dor**	trabaja**dor**	trabaja**dora**	trabaja**dores**	trabaja**doras**

2 Copy the sentences, choosing the correct form of the adjective.

1 Mi jefe es sociables / sociable.
2 En mi opinión, Teresa es hablador / habladora.
3 Creo que mi trabajo es muy difícil / difíciles.
4 José, el jardinero, no es simpáticos / simpático / simpáticas.
5 Los niños de los clientes son horroroso / horrorosa / horrorosos.

3 Copy the table and fill in the gaps.

singular		**plural**		
masculine	**feminine**	**masculine**	**feminine**	**meaning**
organizado			organizadas	
paciente	paciente			patient
		difíciles	difíciles	
	habladora	habladores		talkative

The preterite

You use the preterite (simple past tense) to talk about completed events in the past.
Regular verbs work like this in the preterite:

hablar	to talk	comer	to eat	escribir	to write
hablé	I talked	comí	I ate	escribí	I wrote
hablaste	you talked	comiste	you ate	escribiste	you wrote
habló	he/she talked	comió	he/she ate	escribió	he/she wrote
hablamos	we talked	comimos	we ate	escribimos	we wrote
hablasteis	you (plural) talked	comisteis	you (plural) ate	escribisteis	you (plural) wrote
hablaron	they talked	comieron	they ate	escribieron	they wrote

Some verbs have a spelling change in the 'I' form.
jugar → jugué (I played) **llegar** → llegué (I arrived) **sacar** → saqué (I took (photos))

Irregular verbs do not follow the usual pattern.
ir → **fui** (I went) **hacer** → **hice** (I did / made)

4 **Put the verbs in brackets into the 'I' form of the preterite.**

Example: **1** llegué
Soy mecánico y me encanta mi trabajo. Ayer **1** (llegar) al garaje a las diez. Primero **2** (escribir) SMS a mis amigos y luego **3** (hablar) con mi hermana en Australia. Un poco más tarde **4** (jugar) a mi videojuego favorito. Por la tarde **5** (comer) una pizza enorme y **6** (beber) dos botellas de limonada. **7** (Navegar) por Internet y luego **8** (dormir) un poco. Mi trabajo es muy difícil, ¿no? ¡Ja, ja!

Using the present and the preterite together

Use the **present tense** to talk about what you usually **do**.
Primero **preparo** mis cosas y luego **voy** a la oficina.
First **I prepare** my things and then **I go** to the office.

Use the **preterite** to talk about what you **did** in the past.
Ayer **preparé** mis cosas y luego **fui** a la oficina.
Yesterday **I prepared** my things and then **I went** to the office.

Make sure you choose the correct verb form according to the tense. For example:

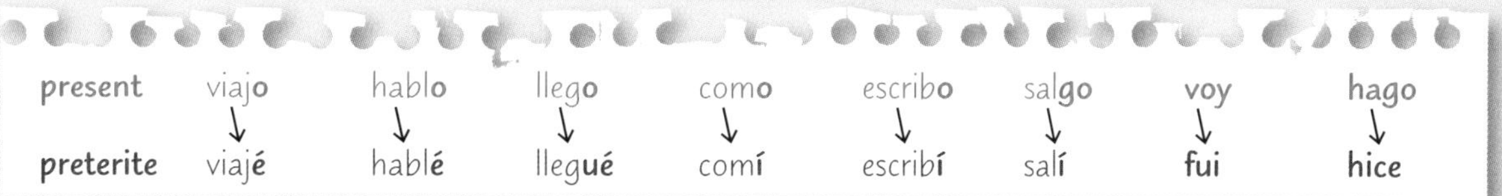

present	viajo	hablo	llego	como	escribo	salgo	voy	hago
preterite	viajé	hablé	llegué	comí	escribí	salí	fui	hice

5 **Use the pictures to make up sentences about what you usually do each day and what you did yesterday.**

Example: **1** Normalmente hablo por teléfono, pero ayer hablé por Skype™.

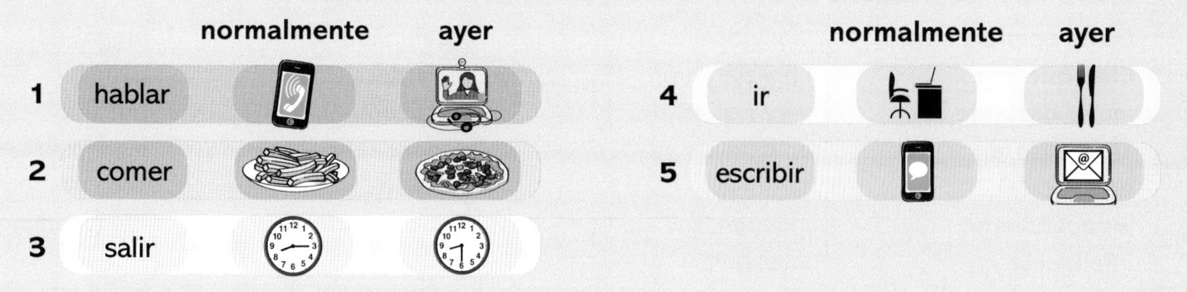

¿En qué trabajas? What's your job?

Soy...	I am...	**jardinero/a**	a gardener
camarero/a	a waiter	**limpiador(a)**	a cleaner
cocinero/a	a cook	**peluquero/a**	a hairdresser
dependiente/a	a shop assistant	**recepcionista**	a receptionist

¿Qué tienes que hacer? What do you have to do?

Tengo que...	I have to...	**limpiar habitaciones**	clean rooms
ayudar a los clientes	help customers	**preparar comida**	prepare food
cortar el pelo a los clientes	cut customers' hair	**servir en el restaurante**	serve in the restaurant
hablar por teléfono	speak on the phone	**vender productos en la tienda**	sell products in the shop

Opiniones Opinions

¿Te gusta tu trabajo?	Do you like your job?	**monótono**	monotonous
(No) Me gusta (nada) mi trabajo porque es...	I (don't) like my job (at all) because it is...	**repetitivo**	repetitive
creativo	creative	**Mi jefe/a es severo/a.**	My boss is strict.
estresante	stressful	**Los clientes (no) son simpáticos.**	The customers are (not) nice.
fácil	easy	**Los clientes son horrorosos.**	The customers are awful.
interesante	interesting		

¿Qué te gustaría hacer? What would you like to do?

Me gustaría...	I would like...	**Por eso me gustaría ser...**	Therefore I would like to be...
No me gustaría (nada)...	I wouldn't like... (at all)		
trabajar al aire libre	to work in the open air	**cantante**	a singer
trabajar con animales	to work with animals	**diseñador(a)**	a designer
trabajar con niños	to work with children	**enfermero/a**	a nurse
trabajar en equipo	to work in a team	**mecánico/a**	a mechanic
trabajar en una oficina	to work in an office	**periodista**	a journalist
trabajar solo/a	to work alone	**policía**	a police officer
hacer un trabajo creativo	to do a creative job	**profesor(a)**	a teacher
hacer un trabajo manual	to do a manual job	**veterinario/a**	a vet

¿Qué tipo de persona eres? What type of person are you?

En mi opinión, soy...	In my opinion, I am...	**organizado/a**	organised
Creo que soy...	I believe I am...	**paciente**	patient
muy / bastante...	very / quite...	**práctico/a**	practical
ambicioso/a	ambitious	**responsable**	responsible
hablador(a)	talkative	**sociable**	sociable
independiente	independent	**trabajador(a)**	hard-working
inteligente	intelligent		

¿Qué tal ayer en el trabajo? How did you get on at work yesterday?

Por la mañana…	In the morning…
Por la tarde…	In the afternoon…
A la hora de comer…	At lunchtime…
bebí una botella de cola	I drank a bottle of cola
comí una hamburguesa	I ate a hamburger
dormí un poco	I slept for a bit
escuché música	I listened to music
escribí SMS a mis amigos	I wrote text messages to my friends
hablé por Skype™	I talked on Skype™
jugué a un videojuego	I played a video game
llegué tarde al trabajo	I arrived late for work
perdí mi trabajo	I lost my job

¿Cómo es un día típico? What is a typical day like?

Escribo correos.	I write emails.
Hago reservas.	I make reservations.
Hago entrevistas.	I do interviews.
Organizo excursiones.	I organise excursions.
Preparo el programa.	I prepare the programme.
Salgo con los grupos.	I go out with the groups.
Trabajo con mi equipo.	I work with my team.
Viajo mucho.	I travel a lot.
Voy a la oficina.	I go to the office.
¿Qué idiomas hablas?	What languages do you speak?
Hablo español, inglés y alemán.	I speak Spanish, English and German.
Los idiomas son importantes.	Languages are important.
¿Te gusta tu trabajo?	Do you like your job?
Me encanta mi trabajo porque…	I love my job because…
es muy práctico	it's very practical
es muy variado	it's very varied
Ayer…	Yesterday…
conocí a…	I met…
fui a…	I went to…
hablé con…	I spoke to…
organicé una visita para…	I organised a visit for…
preparé un programa especial	I prepared a special programme
viajé en helicóptero	I travelled by helicopter

Palabras muy frecuentes High-frequency words

creo que…	I think / believe that…
mi/mis	my
tu/tus	your
bastante	quite
muy	very
un poco	a bit
¿qué?	what?
¿por qué?	why?
porque	because
por eso	so, therefore

Estrategia 2

Looking for clues to work out meaning

If you don't understand a word, can you work out the meaning by looking for clues? For example, if someone is describing their job they might mention where they work, who they work with, what they do, etc., so you can have a good guess at what their job is even if you don't recognise the word.

Can you guess what someone's job might be if they use these words?

restaurante
clientes
servir comida
↓
?

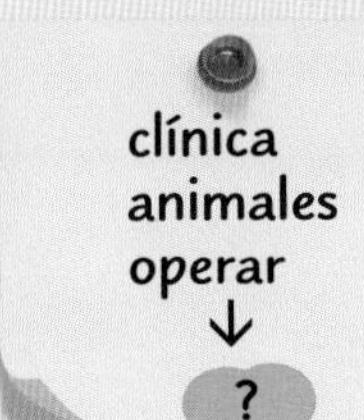

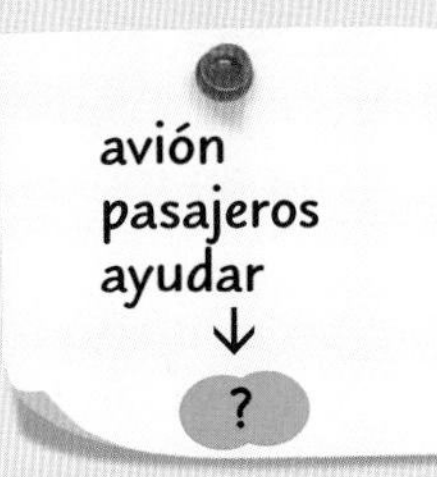

Un monólogo divertido

- Creating a funny character
- Performing a comic monologue

Escucha y lee los monólogos. Busca las frases en español en los textos.

Hospital Transilvania

Me llamo Doctor Drácula y soy médico. Pero tengo un problema: ¡también soy un vampiro! No me gusta mi trabajo porque es monótono y los pacientes son horrorosos.

Tengo que hacer transfusiones de sangre en el hospital, pero prefiero *beber* sangre.

Soy trabajador, pero no soy responsable. Por eso me gustaría hacer un trabajo diferente. Me gustaría trabajar al aire libre. Creo que me gustaría ser policía.

Me llamo Zoe y soy enfermera. Pero tengo un problema: ¡también soy una zombi! No me gusta nada mi trabajo porque es estresante y mi jefe es severo.

Tengo que ayudar a los pacientes en el hospital, pero prefiero *comer* a los pacientes. ¡Ñam, ñam!

Soy práctica, pero no soy habladora. Por eso me gustaría hacer un trabajo creativo. Me gustaría trabajar en una oficina. Creo que me gustaría ser diseñadora.

1 I have a problem.
2 I have to carry out blood transfusions.
3 I prefer to drink blood.
4 So I would like to do a different job.
5 I prefer to eat the patients.
6 I think I would like to be a designer.

Lee los monólogos otra vez. Corrige los errores en las fichas.

Ejemplo: Doctor Drácula: likes job → doesn't like job

Doctor Drácula	
Job:	doctor
Problem:	is a vampire
Opinion of job:	likes job
Reason:	interesting, horrible patients
Responsibilities:	giving blood to patients
Personality:	✓ organised, ✗ responsible
Preferred job:	journalist

Zoe	
Job:	nurse
Problem:	is a werewolf
Opinion of job:	dislikes job
Reason:	stressful, boss is nice
Responsibilities:	helping patients
Personality:	✓ ambitious, ✓ talkative
Preferred job:	singer

Escucha. Félix habla de su trabajo. Copia y completa la ficha en inglés.

un cirujano	*surgeon*
un fantasma	*ghost*

Félix	
Job:	
Problem:	
Opinion of job:	
Reason:	
Responsibilities:	
Personality:	
Preferred job:	

Con tu compañero/a, planifica un monólogo divertido.

With your partner, plan a funny monologue.

- First, decide what your character's job will be.
- Then, decide where your monologue will take place. For example:

Try to think about how to make your character funny. What about a rude hotel receptionist, a clumsy waiter, a vet who doesn't like animals or a designer who isn't creative?

en una oficina

en un hotel

en un centro comercial

en un aeropuerto

Inventa tu personaje. Completa una ficha para tu personaje en español.

Ejemplo:

You don't have to write in full sentences here, but making notes in Spanish will help you when you start writing your monologue in exercise 6.

Ficha del personaje

Trabajo: camarero
Problema:
Opinión:
Razón:
Responsabilidades:
Personalidad:
Trabajo ideal:

Escribe tu monólogo.

- Use your file card from exercise 5 as a starting point.
- Look back at the monologues in exercise 1 for more ideas: use your imagination and change the details.
- Use connectives to make your monologue more interesting.

Me llamo… y soy…
Tengo un problema…
(No) me gusta mi trabajo porque…
Tengo que…
Soy… pero no soy…
Creo que me gustaría…

Aprende tu monólogo. Luego haz un vídeo de tu monólogo.

Think about how to make your monologue funny with physical movement and facial expressions. You can use your voice and mime to show what your character is like.

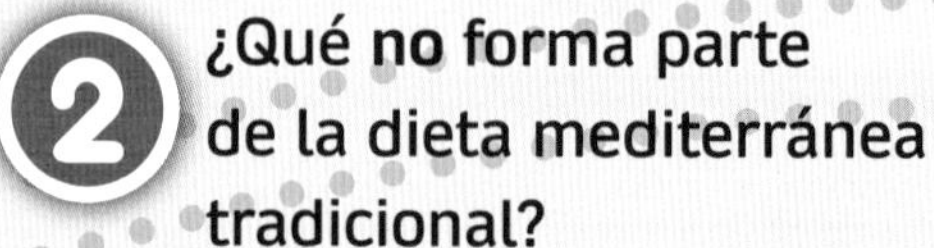

1 Argentina es famosa por…

a la carne.
b la ensalada.
c la pasta.

2 ¿Qué **no** forma parte de la dieta mediterránea tradicional?

a aceite de oliva
b hamburguesas
c fruta y verduras

3 ¿Cuántas de estas cosas desayunas?

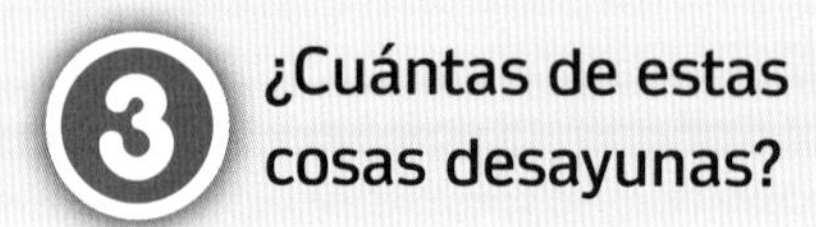

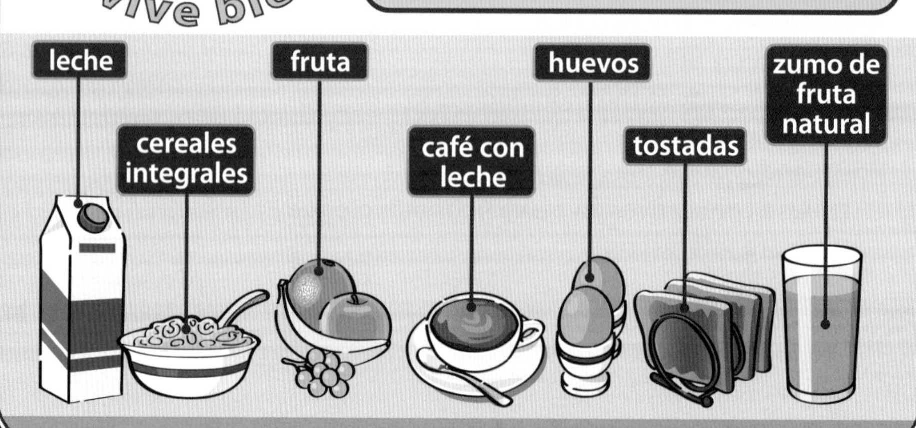

Esta es una foto de un postre típico de España. Se llama...

a mousse de chocolate.
b crema catalana.
c tarta de limón.

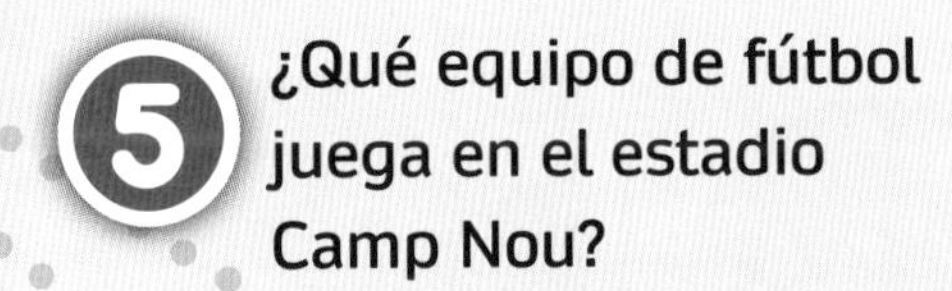

5 ¿Qué equipo de fútbol juega en el estadio Camp Nou?

a Real Madrid
b FC Barcelona
c Athletic de Bilbao

6 Esta persona es de Venezuela. Va a jugar al deporte más popular de Venezuela que es...

a el béisbol.
b el fútbol.
c el voleibol.

Did you know that the Tarahumara people of northern Mexico run barefoot for extremely long distances? They are known as 'ultrarunners' and can run for over 400 miles!

¿Llevas una dieta sana?

- Talking about diet
- Using negatives

Escucha. Copia y completa la tabla. (1–5)

¿Llevas una dieta sana? ¿Qué comes? ¿Qué bebes?

	¿dieta sana? (sí / no)	✓	✗
1	sí	d	

a 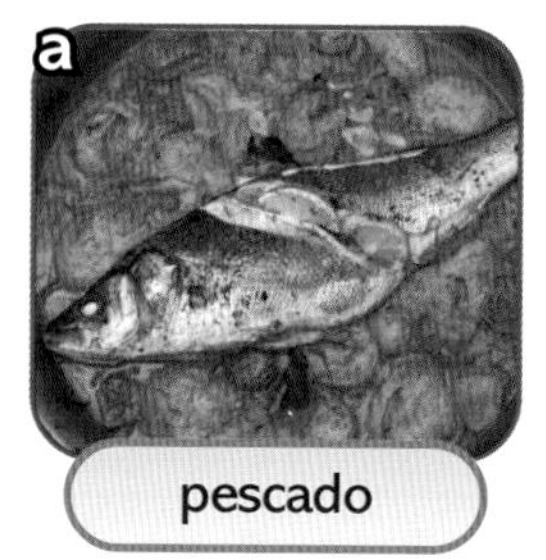
pescado

b 
pan

c 
café

d 
fruta

e 
leche

f 
pasta

g 
pasteles

h 
caramelos

i 
verduras

j 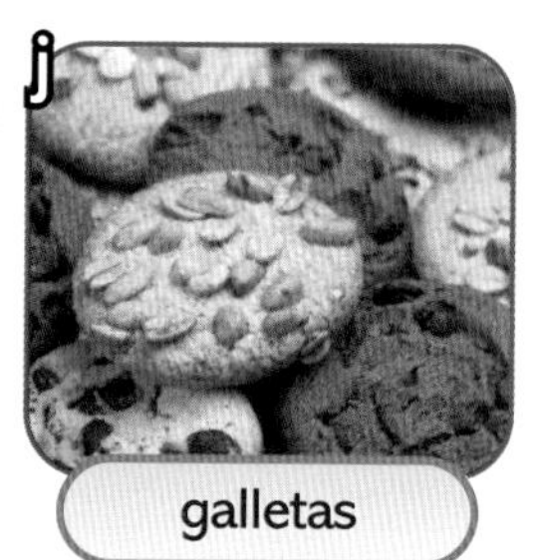
galletas

Gramática

To make a sentence negative, put **no** or **nunca** before the verb.

No como pescado. I don't eat fish.
Nunca bebo leche. I never drink milk.

Nada means 'nothing' or 'not anything'. Use it with **no** to make a 'sandwich' around the verb.

No como nada. I don't eat anything.

>> p70

Escucha otra vez y escribe la expresión de frecuencia mencionada. (1–5)

Ejemplo: **1** three times a day

todos los días	every day
a menudo	often
a veces	sometimes
tres veces al día	three times a day
una vez a la semana	once a week

Con tu compañero/a, haz diálogos.

- ¿Llevas una dieta sana?
- Sí, llevo una dieta (muy / bastante) sana. / No, no llevo una dieta (muy) sana.
- ¿Qué comes?
- Como verduras todos los días, pero nunca como…
- ¿Qué bebes?
- Bebo…, pero…

Lee los blogs. Copia y completa las frases.

rico/a	*delicious*
asqueroso/a	*disgusting*

Zona Cultura

Traditionally Spanish people have a healthy diet including lots of fruit, vegetables, pulses, fish and olive oil. Meat **(carne)** and cured meat such as **chorizo** (spicy pork sausage) are also popular.

Me llamo Valeria y vivo en La Habana, en Cuba. En mi opinión, llevo una dieta bastante sana. Como fruta dos veces al día porque es muy sana. También como carne a menudo. A veces hacemos una barbacoa y como minifritas cubanas. Las minifritas son similares a las hamburguesas, ¡son muy ricas! Nunca como pescado porque soy alérgica.

Me llamo Omar y vivo en Valencia. Creo que no llevo una dieta muy sana porque como galletas todos los días. No como carne porque soy vegetariano. Nunca bebo café porque es asqueroso. ¡Puaj! Durante el mes de Ramadán no como nada y no bebo nada durante las horas de sol porque soy musulmán.

1. Valeria eats fruit twice —— because ——.
2. Sometimes she and her family have a ——.
3. She never eats —— because ——.
4. Omar doesn't eat —— because ——.
5. He never drinks —— because ——.
6. During Ramadan he —— because ——.

Escucha. Copia y completa la tabla en español. (1–6)

	comida	frecuencia	¿por qué?
1	hamburguesas	nunca	e

- **a** Son muy ricos.
- **b** Soy vegetariana.
- **c** Es rico.
- **d** Soy musulmán.
- **e** No son sanas.
- **f** Soy alérgico.

Trabaja en un grupo de cuatro personas. ¿Qué comes y qué bebes? ¿Por qué?

● ¿Comes carne?
■ Sí, como carne a menudo porque…
▲ No, nunca como carne porque…
◆ ¿Bebes…?

Remember, adjectives need to agree with the noun they are describing.

(No) / (Nunca) Como / Bebo	**café / pan / pescado**	porque	(no) **es**	sano/a rico/a asqueroso/a
	carne / pasta / fruta / leche			
	caramelos / pasteles		(no) **son**	sanos/as ricos/as asquerosos/as
	galletas / verduras			

Also, remember to use the correct ending on the following words:

Soy vegetarian**o/a**. Soy alérgic**o/a**. Soy musulm**án**/musulm**ana**.

¿Llevas una dieta sana? Escribe un texto sobre tu dieta.

En mi opinión / Creo que (no) llevo…
Como / Bebo… porque…
Pero nunca…

¡Preparados, listos, ya!

- Talking about an active lifestyle
- Using stem-changing verbs

Escucha y escribe las <u>dos</u> letras correctas para cada persona. (1–5)

Ejemplo: **1** b, d

¿Qué haces para estar en forma?

Juego...

Prefiero jugar...

a al rugby

b al baloncesto

c al fútbol

d al tenis

e a la pelota vasca

Hago...

Prefiero hacer...

f gimnasia

g artes marciales

h atletismo

i natación

j baile

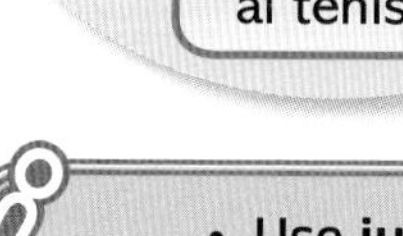

- Use **juego** (I play) for the sports you <u>play</u>.
- Use **hago** (I do) for the sports you <u>do</u>.
- Use **prefiero** plus the infinitive **jugar** or **hacer** to say what sports you <u>prefer to</u> play or do.

Juego al rugby. (I play rugby.)
Hago gimnasia. (I do gymnastics.)
Prefiero jugar al tenis. (I prefer to play tennis.)
Prefiero hacer atletismo. (I prefer to do athletics.)

Escucha otra vez. Escribe el día mencionado e indica el deporte que cada persona prefiere.

Listen again. Write the day mentioned and circle the sport that each person prefers.

Ejemplo: **1** Tuesdays b, (d)

Gramática

Jugar (to play) and **preferir** (to prefer) are stem-changing verbs. Some people call them 'boot verbs'. They have a vowel change in their stem in certain forms.

juego	I play	**jugamos**	we play
juegas	you play	**jugáis**	you (pl) play
juega	he/she plays	**juegan**	they play

prefiero	I prefer	**preferimos**	we prefer
prefieres	you prefer	**preferís**	you (pl) prefer
prefiere	he/she prefers	**prefieren**	they prefer

>> p70

Con tu compañero/a, haz <u>cuatro</u> diálogos.

Ejemplo: **1**

- ¿Qué haces para estar en forma?
- <u>Hago</u> <u>artes marciales</u> los <u>martes</u>, pero prefiero <u>jugar al</u>...

1  Tuesdays pero  + 

2 Saturdays pero ♥ + 

3  Mondays pero  + 

4 ¿Y tú? ¿Qué haces para estar en forma?

Escucha y lee los textos del foro. Busca las frases en español en los textos.

¿Qué haces para estar en forma?

Juego al fútbol todos los días después del insti. Los sábados mi hermano y yo jugamos al baloncesto, pero prefiero jugar al fútbol porque es divertido y soy miembro de un equipo. **Ariana**

A veces juego al voleibol con mis amigos porque es muy emocionante. Sin embargo, prefiero hacer natación porque prefiero los deportes individuales. ¿Y tú? ¿Qué deportes prefieres? **David**

Los martes y los jueves hago atletismo – soy miembro de un club. También mi amiga Carla y yo hacemos baile a veces. Sin embargo, prefiero hacer atletismo porque soy muy competitiva. **Laura**

Los viernes hago ciclismo, pero prefiero jugar al rugby porque prefiero los deportes de equipo. Juego al rugby cuatro veces a la semana porque es mi deporte favorito. ¿Juegas al rugby también? **Iker**

1. every day after school
2. I am a member of a team
3. it is very exciting
4. I prefer individual sports
5. I am very competitive
6. I prefer team sports

Lee los textos otra vez. ¿Verdadero o falso? Escribe V o F.

1. Ariana juega al fútbol por la mañana.
2. Ariana es miembro de un equipo de fútbol.
3. David prefiere hacer natación porque es emocionante.
4. Laura hace atletismo dos veces a la semana.
5. Iker hace ciclismo los jueves.
6. Iker no juega al rugby todos los días.

Traduce el texto de Iker al inglés.

Con tu compañero/a, haz presentaciones para Sonia y Héctor. Usa las expresiones del ejercicio 4.

- Juego / Hago... (los lunes, después del insti). Sin embargo, prefiero jugar / hacer... porque...

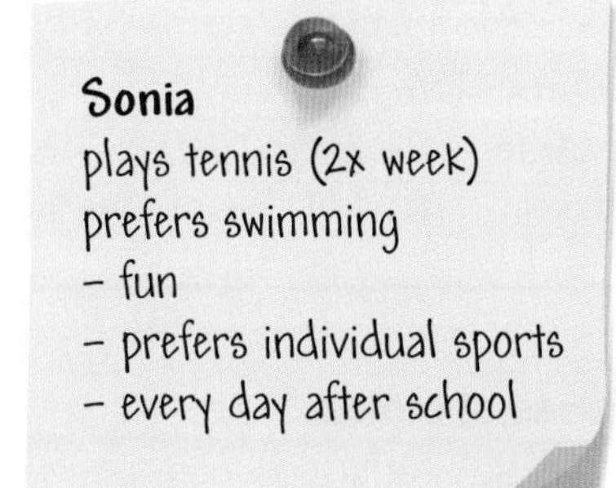

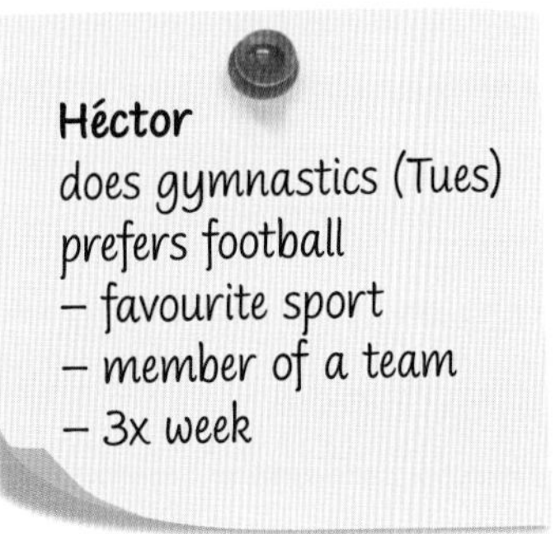

¿Y tú? ¿Qué haces para estar en forma? Escribe en el foro. Utiliza los textos del ejercicio 4 como modelo.

¿Cuál es tu rutina diaria?

- Talking about your daily routine
- Using reflexive verbs

Salma es fanática de la natación. Escribe la letra correcta para cada dibujo.

Ejemplo: **1** c

Describe tu rutina diaria.

1

2

3

4

5

6

7

8

a A las seis y cuarto **voy** a la piscina.

b **Ceno** a las ocho. Normalmente ceno pollo con verduras.

c **Me despierto** a las seis y **me levanto** enseguida.

d Finalmente **me acuesto** a las nueve – ¡muy temprano!

e Luego **me ducho** y **desayuno** cereales.

f … y luego **me visto** en mi dormitorio.

g Después del insti **hago** natación hasta las siete.

h Primero **me lavo** los dientes…

enseguida	*straight away*
temprano	*early*
hasta	*until*

Escucha y comprueba tus respuestas.

Gramática

Reflexive verbs include a reflexive pronoun, e.g. **me**, **te**, **se**.
They often describe an action you do to yourself, e.g. **levantarse** – to get (yourself) up.

me levanto	I get up
te levantas	you get up
se levanta	he/she gets up
nos levantamos	we get up
os levantáis	you (plural) get up
se levantan	they get up

Some reflexive verbs are stem-changing:

despertarse (to wake up) → **me despierto**
acostarse (to go to bed) → **me acuesto**
vestirse (to get dressed) → **me visto**

>> p71

Escribe las frases correctamente. Luego traduce las frases al inglés.

Ejemplo: **1** Me despierto a las siete. I wake up at 7 o'clock.

1 despierto siete las Me a
2 me Normalmente enseguida levanto
3 me y fruta Desayuno ducho
4 las me a visto siete media y Luego
5 a lavo las Me dientes los ocho
6 acuesto las Finalmente me diez a

Con tu compañero/a, juega. Haz una raya vertical o diagonal.

With your partner, play the game. Make a vertical or diagonal line.

● Me acuesto a las diez.

■ Me levanto a las siete y cuarto.

Escucha y lee la canción. Contesta a las preguntas en inglés y luego ¡canta!

Me despierto muy temprano.
Luego me levanto a las seis.
No me ducho, no tengo tiempo.
¡Rápido, rápido, al gimnasio!

Desayuno leche y un huevo.
Luego me visto a las seis y diez.
Me lavo los dientes, si tengo tiempo.
¡Rápido, rápido, al gimnasio!

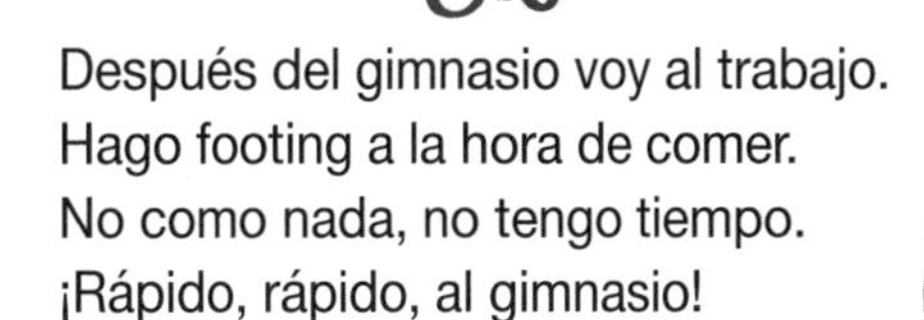

Después del gimnasio voy al trabajo.
Hago footing a la hora de comer.
No como nada, no tengo tiempo.
¡Rápido, rápido, al gimnasio!

Después del trabajo voy al gimnasio,
Donde entreno hasta las diez.
A las once, me acuesto.
¡Rápido, rápido, rápido, a dormir!

Gonzalo

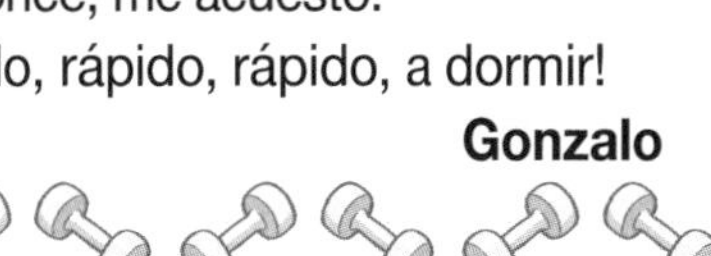

si	*if*
hago footing	*I go jogging*
entreno	*I train, I exercise*

1. What time does Gonzalo get up?
2. Why doesn't he have a shower?
3. What does he have for breakfast?
4. Does he always brush his teeth?
5. When does he go jogging?
6. What time does he go to bed?

Escucha la entrevista con Saúl. Copia y completa las frases en español.

1. Me despierto a las ——.
2. Voy al parque, donde hago ——.
3. Desayuno a las —— – fruta y ——.
4. Después del trabajo voy al ——.
5. Voy a casa a las ——.
6. —— a las nueve – carne o ——.
7. Me acuesto a las ——.

¿Eres fanático/a de estar en forma? Describe tu rutina diaria.

Are you a fitness fanatic? Describe your daily routine.

- Normalmente me despierto a las… y…
- Primero… Luego…

¡Me duele todo!

- Talking about ailments
- Using different verbs to describe illness

Escucha. ¿Quién habla? Escribe el nombre correcto. (1–8)

Ejemplo: **1** Maya

Con tu compañero/a, describe qué te duele. Añade cada vez otra parte del cuerpo.

Tell your partner what hurts. Add another part of the body each time.

- ● ¿Qué te duele?
- ■ ¡Ay! Me duele la cabeza. ¿Qué te duele?
- ● ¡Ay! Me duele la cabeza y me duelen los ojos.

¿Qué te duele?	What hurts (you)?
With singular nouns:	
Me duele la cabeza.	My head hurts.
With plural nouns:	
Me duelen los dientes.	My teeth hurt.

Note: in English you say 'my leg hurts', but in Spanish you say 'the leg hurts me' (**me duele la pierna**).

Lee los tuits. Copia y completa la tabla.

	problem(s)	reason
Abel	eyes hurt, …	played…

Abel@abelsoyyo
#me-duele Estoy fatal ☹. Anoche jugué a un videojuego durante cuatro horas y por eso me duelen los ojos. También me duele la espalda.

Celia@Celialopez98
#campeón ¡Ay! Me duelen los pies y me duelen las piernas. Ayer hice footing con mi hermana y después jugué al fútbol con mi equipo.

Noé@noe777
#cumpleaños Anoche fui a un restaurante colombiano para celebrar mi cumpleaños ☺, pero comí mucho y por eso hoy me duele el estómago ☹. ¡Qué desastre!

anoche	*last night*
hoy	*today*

Escucha. Irene no quiere ir al insti. Escribe la letra correcta y apunta los datos en inglés. (1–4)

Ejemplo: **1** d – went swimming

a Estoy enfermo / enferma.

b Estoy cansado / cansada.

c Tengo tos.

d Tengo catarro.

Gramática

There are two verbs for 'to be' in Spanish: **ser** and **estar**. You use **estar** for temporary states, such as being ill or tired.

estoy	I am
estás	you are
está	he/she/it is
estamos	we are
estáis	you (plural) are
están	they are

¿Qué tal estás? How are you?
Estoy enfermo/a. I'm ill.

>> p71

Lee el diario de Víctor. Escribe el día correcto en inglés.

Ejemplo: **1** Sunday

lunes, 6 de febrero

Hoy no voy al insti. Normalmente me levanto a las siete, pero hoy estoy muy cansado. Anoche fui a un concierto de mi grupo favorito donde bailé mucho. Después comí una hamburguesa enorme con patatas fritas. Hoy me duele el estómago y también me duele la garganta.

jueves, 9 de febrero

Estoy enfermo y por eso no voy al insti. Ayer después del insti jugué al baloncesto con mi equipo durante dos horas. Luego fui al estadio, donde hice atletismo. Hoy tengo catarro y tengo tos. También me duelen los pies y las piernas. ¡Hoy no me levanto!

Which day did Víctor…

1 go to a concert?
2 do athletics?
3 have a cough?
4 eat chips?
5 play basketball?
6 have a sore throat?

Pay attention to verbs and time phrases. For example, on Monday Víctor says **'anoche fui a un concierto'** (last night I went to a concert), so what is the correct answer to question 1?

Imagina que no quieres ir al insti.
Con tu compañero/a, haz diálogos.

- ¿Qué tal estás?
- Hoy no voy al insti. Estoy enfermo/a.
- ¿Qué te duele?
- Me duele la cabeza / Me duelen los oídos.
- ¿Por qué?
- Porque ayer fui a la playa y…

You use:
- **me duele(n)** to say that something hurts (e.g. your head, your foot)
- **tengo** to say that you have something (e.g. a cold, cough)
- **estoy** to say 'I am' (e.g. tired, ill).

¡Eres hipocondríaco/a! Escribe una entrada en tu diario. Utiliza el ejercicio 5 como modelo.

Hoy no voy al insti. Estoy…

¡Muévete!

- Talking about getting fit
- Using **se debe / no se debe**

1 ¿Cuál es el consejo apropiado? Empareja las frases con los dibujos.

Which piece of advice is appropriate? Match the phrases to the pictures.

Ejemplo: **1** e

Consejos para estar en forma

1 ✔ Se debe dormir ocho horas al día.
2 ✔ Se debe comer más fruta y verduras.
3 ✔ Se debe beber agua frecuentemente.
4 ✔ Se debe entrenar una hora al día.
5 ✗ No se debe comer comida basura.
6 ✗ No se debe fumar.
7 ✗ No se debe beber alcohol.
8 ✗ No se debe beber muchos refrescos.

2 Escucha y comprueba tus respuestas.

Gramática

You use **se debe** to mean 'you/one must'. It is always followed by an infinitive.

Se debe beber agua frecuentemente.	You must drink water frequently.
No se debe beber muchos refrescos.	You mustn't drink lots of soft drinks.

3 Escucha los consejos. Haz una raya horizontal, vertical o diagonal con los dibujos. (1–3)

Ejemplo: **1** b…

4 Mira el juego en el ejercicio 3. Con tu compañero/a, haz rayas horizontales, verticales o diagonales.

Escribe las frases.

Ejemplo: **1** Se debe beber agua frecuentemente.

1 S d b a f.
2 S d e u h a d.
3 N s d f.
4 N s d c c b.
5 S d d o h a d.
6 N s d b a.

Lee los problemas de tres jugadores. La Doctora Sana responde a uno de los problemas. Elige el problema correcto.

1 ¡Ay! Tengo que estar en forma para jugar al baloncesto con mi equipo pero no llevo una dieta sana. Desayuno galletas y como muchas hamburguesas y patatas fritas. ¡Me encanta la comida basura!

2 ¡Estoy fatal! Soy adicto a los videojuegos. Juego cuatro horas al día con mi consola y no tengo energía para entrenar. Me acuesto a la una cada noche y siempre estoy cansado.

3 Tengo un problema. Me encantan las bebidas dulces pero no me gusta el agua. Por eso prefiero beber refrescos. Bebo normalmente seis o siete colas al día. A menudo por la tarde me duele la cabeza.

¿Estás loco? Todo con moderación. Estás mal porque consumes una alta dosis de cafeína y no bebes agua. Se debe beber al menos dos litros de agua al día. Esto es muy importante.

Doctora Sana

Escribe dos resoluciones para los otros dos jugadores del ejercicio 6.

Write two resolutions for the other two players in exercise 6.

Mis resoluciones: Voy a beber agua frecuentemente (2 litros al día).
No voy a beber muchos refrescos.

You use the near future tense for resolutions.
Voy a entrenar una hora al día.
I am going to train/exercise for one hour a day.

Escucha y elige la opción correcta.

1. Manuela es adicta a la comida basura / al chocolate.
2. Desayuna cereales de chocolate / chocolate caliente.
3. Come un kilo de chocolate todos los días / cada semana.
4. No le gustan nada las verduras / los caramelos.
5. Se debe hacer ejercicio tres veces a la semana / dos horas al día.
6. Manuela va a comer más chocolate / más fruta.

Traduce las frases al español.

Look back at exercise 6.

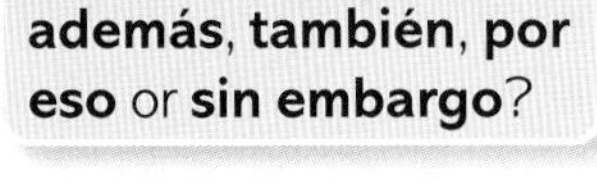

1. I eat hamburgers and chips every day.
2. Also, I am addicted to soft drinks.
3. However, you must drink water frequently.
4. In addition, you mustn't eat junk food.
5. Therefore, I am going to eat more fruit and vegetables.

Use **(no) se debe** + infinitive.

To form the near future use **voy** + **a** + infinitive.

Mi rutina diaria

- Developing a conversation about fitness and routine
- Creating interesting sentences

Escucha y escribe las preguntas en español. Luego tradúcelas al inglés. (1–4)

Listen and write down the questions in Spanish. Then translate them into English.

Escucha y lee las dos entrevistas. ¿Qué entrevista es mejor? ¿Por qué? Luego contesta a las preguntas en inglés.

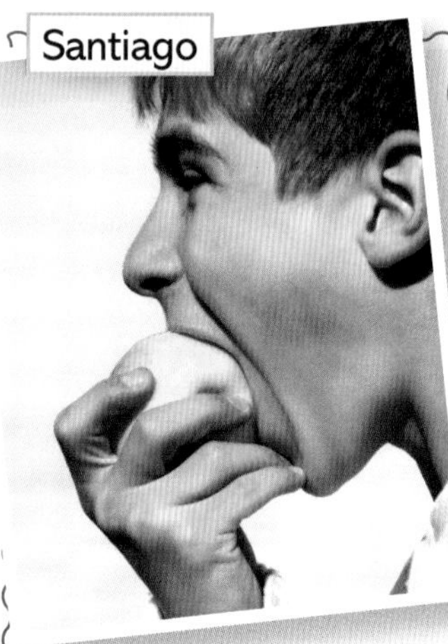

Santiago

1 Sí, llevo una dieta sana. Bebo agua y como fruta. Me gusta la fruta. Me gustan las manzanas.

2 Juego al fútbol y juego al rugby. Me gusta mucho el deporte.

3 Me despierto y me levanto. Desayuno tostadas y voy al insti. Ceno a las nueve. Me acuesto.

4 Sí, juego a los videojuegos hasta la una. Siempre estoy cansado.

Gabriela

1 Creo que llevo una dieta bastante sana. Por lo general bebo agua y como pescado dos o tres veces a la semana. También en mi familia comemos muchas verduras.

2 Para estar en forma, hago natación a menudo. Prefiero jugar al tenis, pero a veces juego al baloncesto con mi hermano.

3 Todos los días me despierto a las siete. Primero me levanto, me ducho y me visto. Luego desayuno cereales y zumo de naranja. Después del insti voy a la piscina, donde hago natación. Siempre ceno a las nueve y media. Se debe dormir ocho horas al día, y por eso me acuesto a las diez – en mi opinión, no es muy tarde.

4 Mi problema es que me encantan los dulces. Cuando hago los deberes siempre como caramelos. Voy a comer más fruta y ¡no voy a comer dulces!

las manzanas	*apples*
tarde	*late*
los dulces	*sweet things*

Who…

1 eats a lot of fish?
2 needs more sleep?
3 plays basketball?
4 has dinner at 9 o'clock?
5 swims often?
6 goes to bed at 10 o'clock?

SKILLS

Creating more interesting sentences

As well as connectives, use the following to make your sentences more interesting:

- expressions of frequency (**a veces…**)
- sequencers (**primero… más tarde…**)
- opinions (**creo que…, en mi opinión…**)

Lee las respuestas de Gabriela otra vez. Categoriza las palabras y frases subrayadas.

¿Son (a) expresiones de frecuencia, (b) expresiones de secuencia o (c) opiniones?

Lee las respuestas de Gabriela otra vez. Busca las frases en español en el texto.

1 in general
2 (in order to) to keep fit
3 I prefer to play
4 after school
5 my problem is that
6 when I do my homework

Mejora las cuatro respuestas de Santiago del ejercicio 2. Utiliza ideas de los ejercicios 3 y 4.

Improve Santiago's four answers from exercise 2. Use ideas from exercises 3 and 4.

Ejemplo: <u>En mi opinión</u> llevo una dieta sana <u>porque</u> <u>siempre</u> bebo agua y como fruta.

Prepara tus respuestas a las cuatro preguntas del ejercicio 1.

1 Creo que llevo una dieta...
2 Para estar en forma...
3 Todos los días...
4 Mi problema es que...

Practica tus respuestas.

SKILLS

Coping with unprepared questions

As well as preparing well and practising your answers, be prepared to adapt what you know to respond to follow-up questions. These will often be prompts for an example (**¿Por ejemplo...?**) or an extra detail (**¿Cuándo? ¿Dónde? ¿Con quién? ¿Con qué frecuencia?**), or they might ask for a reason (**¿Por qué?**) or an opinion on something you haven't mentioned (**¿Te gusta la fruta?**).

The most important thing is to listen carefully and remember your own responses, as most questions will follow on logically from what you have just said.

Con tu compañero/a, pregunta y contesta sobre tu rutina diaria. Inventa otras <u>tres</u> preguntas durante la conversación.

● say whether I have a healthy diet	**Creo que llevo una dieta bastante sana.**
● say how often I eat something	**Como verduras a veces.**
● say why I eat or don't eat something	**No como carne porque soy vegetariano/a.**
■ use negatives	**No bebo leche. Nunca como pescado. No como nada.**

● say what sports I play or do	**Juego al baloncesto. Hago atletismo.**
● say when I play or do a sport	**Los lunes juego al fútbol.**
● say what sport I prefer	**Prefiero hacer natación.**
■ use stem-changing verbs	**Juega al rugby todos los días.** **¿Prefieres hacer ciclismo o baile?**

● talk about my daily routine	**Me despierto a las cinco.**
■ use reflexive verbs in the present tense	**Primero me ducho, luego me visto.**

● say what's wrong with me	**Tengo catarro. Tengo tos.**
■ use **me duele(n)** to say what hurts	**Me duele la garganta. Me duelen los dientes.**
■ use **estar** to describe a temporary state	**Estoy enfermo/a. Estoy cansado/a.**

● say what someone must (not) do to get fit	**Se debe dormir ocho horas al día. No se debe fumar.**
● describe a health problem	**Soy adicto/a a los caramelos.**
● say what I am going to do	**Voy a comer más fruta.**
■ use **(no) se debe** with an infinitive	**Se debe beber agua frecuentemente.**

S give developed spoken answers about fitness and routine

S add interest to my sentences by using:

- connectives
- opinions
- expressions of frequency
- sequencers
- sentence starters

S respond confidently to unprepared questions

1 **In two minutes write down as many foods and expressions of frequency as you can. Check your answers on page 72. Then try to say them all from memory.**

2 **In pairs. Ask how often your partner eats the foods on his/her list.**

Example: *¿Con qué frecuencia comes pan? – Como pan todos los días.*

3 **Put the six parts of the 'boot' verb *jugar* in the correct order in the present tense. Then copy and complete the six parts of the verb *preferir*. If you need help, look at page 70.**

jugáis juega juegas juego juegan jugamos

pref____, prefieres, pref____, preferimos, pref____, prefieren

¡Get set!

4 **In pairs. Take turns to make appropriate sentences about positive lifestyle choices. Translate each other's sentences into English.**

Todos los días Muy a menudo En el futuro Nunca	voy a se debe	entrenar tres veces a la semana. dormir tres horas al día. beber menos refrescos.	fumar. comer verduras. desayunar.

5 **Translate the message from your Spanish friend Alberto into English. Then write your own message, explaining what you did yesterday and why you don't feel well.**

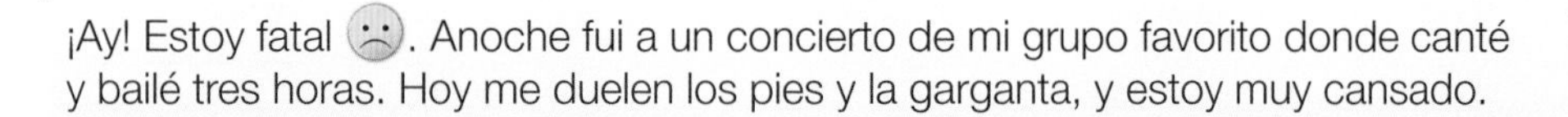
¡Ay! Estoy fatal ☹. Anoche fui a un concierto de mi grupo favorito donde canté y bailé tres horas. Hoy me duelen los pies y la garganta, y estoy muy cansado.

¡Go!

6 **In pairs. Take turns at asking and answering these questions using full sentences.**

- ¿Llevas una dieta sana?
- ¿Qué haces para estar en forma?
- ¿Qué se debe hacer para estar en forma?
- ¿Cuál es tu rutina diaria?

7 **Write out the text, changing the infinitives to the correct verb forms.**

Creo que [llevar] una dieta bastante sana porque [comer] fruta y verduras casi todos los días. Además, en mi opinión yo [estar] en forma. Tres o cuatro veces a la semana [hacer] yoga y también [jugar] al voleibol. Mi problema es que no [beber] mucha agua porque prefiero los refrescos. En el futuro voy a beber más agua.

¿Qué dice cada persona? Escucha y escribe la letra correcta. (1–5)

1 **a** I can't eat fish.
b I love fish.
c I eat too much fish.

2 **a** Smoking is bad for you.
b Avoid unhealthy drinks.
c Do plenty of exercise.

3 **a** I sleep too much.
b I should get more sleep.
c I'm never tired.

4 **a** I only do one sport.
b I need to do more sport.
c I'm a fitness fanatic!

5 **a** Yesterday I ate lots of junk food.
b I always eat lots of junk food.
c I'm going to eat less junk food.

Use your **TRAPS** skills to help you find the correct answers.
- **T**enses: pay attention to verb tenses and time phrases in question 5.
- **Al**ternative words: draw your own conclusions from what you hear.
- **P**ositive or negative?: listen out for words like **no** and **nunca**.

Escucha. Copia y completa la tabla en español. (1–2)

	en el pasado	ahora	en el futuro
Pedro		beber agua	
Blanca	hacer baile		

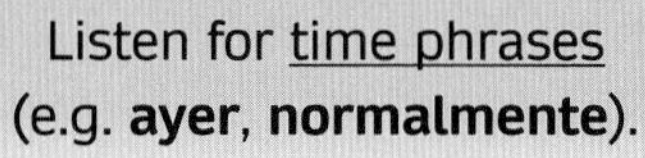

Listen for time phrases (e.g. **ayer**, **normalmente**).
In this task, the example tells you to start each answer with an infinitive verb.
Write down the exact words you hear.

Mira el juego de rol y prepara tus respuestas.
Luego, con tu compañero/a, escucha y haz el juego de rol dos veces. (1–2)

You are talking to your Spanish friend Javi about your lifestyle.

- ¿Llevas una dieta sana?
- *(Say whether you have a healthy diet.)* Sí, llevo… / No, no llevo…
- ¿Qué comes?
- (Say what you eat.) Como…
- Yo también.
- **?** *(Ask Javi what he drinks.)* ¿Qué…?
- Bebo agua. ¿…?
- **!**
- ¿Qué haces para estar en forma?
- *(Say what you do to keep fit.)* Juego… / Hago…
- ¡Qué divertido!

! means you have to answer an unexpected question.
? means you have to ask a question.

Do one complete role play each. Listen to your partner and give feedback on his or her performance.

Traduce las frases al español.

1 I eat fruit every day.
2 I play basketball, but I never do athletics.
3 I go to the swimming pool at half past seven.
4 My stomach hurts because I ate five cakes.
5 To keep fit you mustn't drink alcohol.

Nunca goes before the verb.

Use **a las**… **y**…

Which tense?

Remember to start with **Me d**…

Use **no se debe** + infinitive.

Descripción de una foto. Mira la foto y prepara tus respuestas a las preguntas. Luego haz diálogos con tu compañero/a.

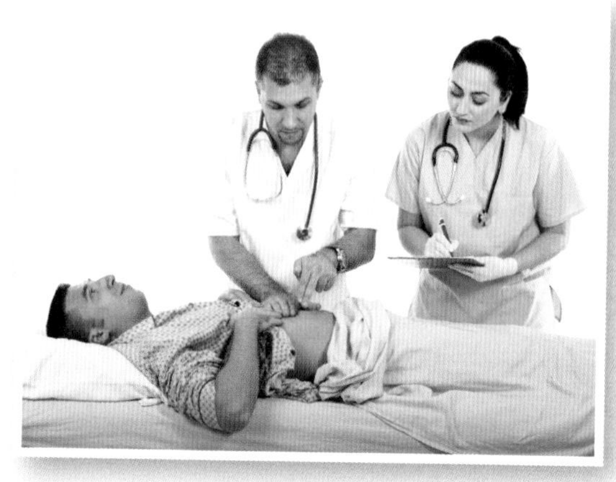

- ¿Qué hay en la foto?
- En tu opinión, ¿qué se debe hacer para estar en forma?
- ¿Qué comiste ayer?

Use **estar** for 'to be' when talking about location or temporary states. Remember:
How you feel
and where you are,
that is when you use ***estar****.*

Lee este extracto de la novela *Manolito Gafotas* de Elvira Lindo. Contesta a las preguntas en inglés.

Después del oculista fuimos a desayunar a una cafetería. […]. Mi padre me dejó pedir un batido, una palmera de chocolate y un donuts. […].
El camarero se acercó a mi padre y le dijo:
– Parece que el niño tiene hambre.
Luego me dijo a mí:
– Como sigas comiendo así, te vas a hacer más alto que tu papá.

me dejó pedir	*(he) let me order*
como sigas comiendo así	*if you carry on eating like that*

1 Where did Manolito go after the optician's?
2 In your opinion, when does the scene take place? Give a reason for your answer.
3 Which member of his family was Manolito with?
4 In your opinion, did Manolito have a healthy meal? Give a reason for your answer.
5 According to the waiter, what will happen if Manolito carries on eating like this?

SKILLS

Understanding a literary text

This extract is from a real Spanish children's novel, so it includes lots of language that you haven't learned yet. Don't worry – just look for the relevant information, using the **four Cs** (see page 41). For example, can you use **clues** and **context** to spot the Spanish word for 'optician's'?

Escribe un correo a tu amigo/a español(a) sobre tu vida diaria.

Menciona:
- qué deportes haces
- cómo es tu rutina diaria
- qué comiste y bebiste ayer
- qué vas a hacer en el futuro para estar en forma.

- Use the correct tense: present, preterite, near future.
- Include time phrases and negatives.
- Remember that some phrases use the infinitive:
  - **prefiero jugar** (I prefer to play)
  - **se debe beber** (you/one must drink)
  - **voy a entrenar** (I'm going to train/exercise).

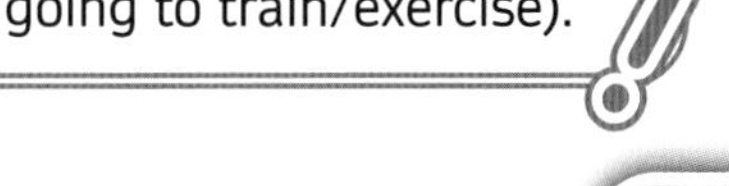

Negatives

To make a sentence negative, put **no** or **nunca** before the verb.

No como carne.	I don't eat meat.
Nunca bebo café.	I never drink coffee.

Nada means 'nothing' or 'not anything'. Use it with **no** to make a 'sandwich' around the verb.

No bebo **nada**.	I don't drink anything.

1 Write these sentences out in the correct order. Translate them into English.

1. bebo No cola la mañana por
2. al juego tenis Nunca
3. desayuno No nada
4. hacemos Nunca natación
5. en no equipo juega un María
6. come todos Benito galletas días no los

Stem-changing verbs

Stem-changing verbs, such as **jugar** (to play) and **preferir** (to prefer), have a vowel change in their stem in the 'I', 'you' (singular), 'he/she' and 'they' forms of the present tense. Some people call them 'boot verbs'.

j**ue**go	I play	jugamos	we play
j**ue**gas	you play	jugáis	you (plural) play
j**ue**ga	he/she plays	j**ue**gan	they play

pref**ie**ro	I prefer	preferimos	we prefer
pref**ie**res	you prefer	preferís	you (plural) prefer
pref**ie**re	he/she prefers	pref**ie**ren	they prefer

In sentences about what you prefer to do, **preferir** is followed by an infinitive.

Prefiero hacer atletismo.	I prefer to do athletics.
Preferimos montar en bici.	We prefer to ride bikes.

2 Fill in the gaps with the correct part of jugar or preferir.

Example: 1 Juega al baloncesto una vez al mes.

1. ___ al baloncesto una vez al mes. (he/she)
2. ___ jugar a los videojuegos. (I)
3. No ___ al rugby los martes. (we)
4. ___ hacer natación. (they)
5. ¿___ jugar con tus amigos? (you singular)
6. ¿___ a la pelota vasca? (you plural)

Reflexive verbs

Reflexive verbs often describe an action you do to yourself. They include a reflexive pronoun (e.g. **me**, **te**, **se**). The reflexive pronoun goes in front of the verb and changes according to who does the action.

lavarse	to get washed (to wash oneself)		
me lavo	I get washed	**nos** lavamos	we get washed
te lavas	you get washed	**os** laváis	you (plural) get washed
se lava	he/she gets washed	**se** lavan	they get washed

Some reflexive verbs are also stem-changing.

acostarse (to go to bed) → me ac**ue**sto (works like **jugar**)
despertarse (to wake up) → me desp**ie**rto (works like **preferir**)
vestirse (to get dressed) → me visto

3 Use the pictures to describe Anita's daily routine in Spanish.

Example: **1** Se despierta a las siete menos cuarto y…

1

2

3
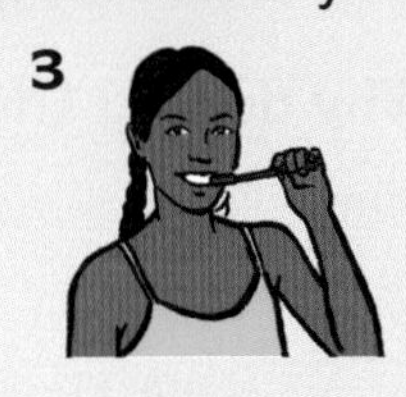
4
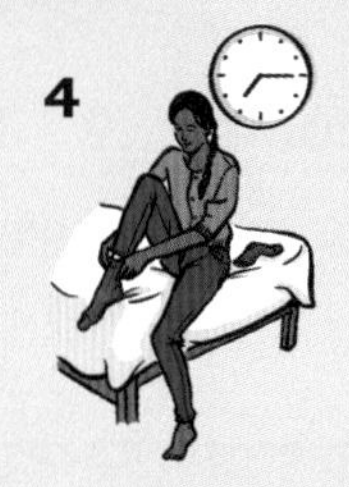
5

4 Complete the Spanish and English parallel translations.

Example: **1** Me levanto a las seis. I get up at 6 o'clock.

1	___ a las seis.	I get up ___.	**4**	¿A qué hora ___?	___ do you have a shower?
2	___ los dientes.	He brushes ___.	**5**	___ a las siete.	They wash ___.
3	Nos acostamos ___.	___ at 10 o'clock.			

Ser and estar

There are two verbs for 'to be' in Spanish: **ser** and **estar**. Use **estar** for temporary states, such as being ill or tired, and locations. Use **ser** for permanent states, such as physical appearance or personality. You also use **ser** for telling the time.

estar	to be	**ser**	to be
estoy	I am	soy	I am
estás	you are	eres	you are
está	he/she/it is	es	he/she/it is
estamos	we are	somos	we are
estáis	you (plural) are	sois	you (plural) are
están	they are	son	they are

¿Qué tal **estás**? How are you?
Estoy enfermo/a. I'm ill.

¿Cómo **eres**? What are you like?
Soy alto/a. I am tall.

5 Complete the sentences, choosing the correct form of the verb ser or estar.

1. Matías no va al insti. ___ enfermo. (he)
2. ¿Qué hora ___? Son las seis. (it)
3. Mis abuelos siempre ___ cansados. Se acuestan muy tarde. (they)
4. Mis amigos y yo ___ fanáticos del Real Madrid. (we)
5. ¿Cómo ___? Soy bastante paciente y muy trabajador. (you)

¿Llevas una dieta sana? Do you have a healthy diet?

Llevo una dieta (bastante) sana.	I have (quite) a healthy diet.
¿Qué comes?	What do you eat?
Como…	I eat…
caramelos	sweets
fruta	fruit
galletas	biscuits
pan	bread
pescado	fish
pasta	pasta
pasteles	cakes
verduras	vegetables
¿Qué bebes?	What do you drink?
Bebo…	I drink…
agua	water
café	coffee
leche	milk
todos los días	every day
a menudo	often
a veces	sometimes
tres veces al día	three times a day
una vez a la semana	once a week
Nunca como pescado.	I never eat fish.
No bebo nada.	I don't drink anything.

¿Por qué (no) comes…? Why do you (not) eat…?

Es sano / sana.	It's healthy.
Son sanos / sanas.	They are healthy.
Es rico / rica.	It's delicious.
Es asqueroso / asquerosa.	It's disgusting.
Soy vegetariano / vegetariana.	I am a vegetarian.
Soy alérgico / alérgica.	I am allergic.
Soy musulmán / musulmana.	I am a Muslim.

¿Qué haces para estar en forma? What do you do to keep fit?

Juego al baloncesto.	I play basketball.
Juego al fútbol.	I play football.
Juego a la pelota vasca.	I play pelota (Basque ball game).
Juego al rugby.	I play rugby.
Juego al tenis.	I play tennis.
Hago artes marciales.	I do martial arts.
Hago atletismo.	I do athletics.
Hago baile.	I do dance.
Hago footing.	I go jogging.
Hago gimnasia.	I do gymnastics.
Hago natación.	I go swimming.
Juego al rugby los martes.	I play rugby on Tuesdays.
Hago gimnasia dos veces a la semana.	I do gymnastics twice a week.

¿Qué deporte prefieres? Which sport do you prefer?

Prefiero jugar al baloncesto.	I prefer to play basketball.
Prefiero hacer baile.	I prefer to do dance.
Prefiero hacer natación.	I prefer to go swimming.
Prefiero los deportes de equipo.	I prefer team sports.
Prefiero los deportes individuales.	I prefer individual sports.
Es mi deporte favorito.	It is my favourite sport.

Describe tu rutina diaria Describe your daily routine

Me despierto.	I wake up.
Me levanto (enseguida).	I get up (straight away).
Me lavo los dientes.	I brush my teeth.
Me ducho.	I shower.
Me visto.	I get dressed.
Me acuesto.	I go to bed.
Desayuno.	I have breakfast.
Ceno.	I have dinner.
Voy a la piscina.	I go to the swimming pool.
Voy al trabajo.	I go to work.
Voy al gimnasio.	I go to the gym.
Entreno.	I exercise / train.
a las seis	at six o'clock
a las siete y cuarto	at quarter past seven
a las nueve y media	at half past nine
a las diez menos cuarto	at quarter to ten

¿Qué te duele? What hurts (you)?

Me duele el brazo.	My arm hurts.	**Me duele la garganta.**	My throat hurts.
Me duele el estómago.	My stomach hurts.	**Me duele la pierna.**	My leg hurts.
Me duele el pie.	My foot hurts.	**Me duelen los dientes.**	My teeth hurt.
Me duele la cabeza.	My head hurts.	**Me duelen los oídos.**	My ears hurt.
Me duele la espalda.	My back hurts.	**Me duelen los ojos.**	My eyes hurt.

¿Qué tal estás? How are you?

Estoy cansado / cansada.	I am tired.	**Tengo catarro.**	I have a cold.
Estoy enfermo / enferma.	I am ill.	**Tengo tos.**	I have a cough.

Consejos para estar en forma Advice for keeping fit / in shape

Para estar en forma…	To keep fit / in shape…
Se debe…	You/One must…
beber agua frecuentemente	drink water frequently
comer más fruta y verduras	eat more fruit and vegetables
dormir ocho horas al día	sleep for eight hours a day
entrenar una hora al día	exercise for one hour a day
No se debe…	You/One must not…
beber alcohol	drink alcohol
beber muchos refrescos	drink lots of soft drinks
comer comida basura	eat junk food
fumar	smoke
Soy adicto / adicta al / a la / a los / a las…	I am addicted to…
Voy a entrenar tres veces a la semana.	I am going to exercise three times a week.
No voy a beber muchos refrescos.	I am not going to drink lots of soft drinks.

Palabras muy frecuentes High-frequency words

casi	almost, nearly	**hasta**	until
cada	each, every	**ahora**	now
todo / toda / todos / todas	all	**hoy**	today
mucho / mucha / muchos / muchas	a lot (of)	**ayer**	yesterday
		anoche	last night
primero	first	**para**	(in order) to, for
luego	then	**creo que**	I think / believe that
después	afterwards	**por eso**	so, therefore
finalmente	finally	**sin embargo**	however
por lo general	in general	**donde**	where

Estrategia 3

Learning new vocabulary

- Make your own word games. For example, write down the Spanish words you need to learn in one column and their English translations in another. Cut them up and play a game of pairs. Say each Spanish word to yourself as you pick it up.

la mano	hand
la pierna	leg
el pie	foot

- Next, take your learning further. In your vocabulary lists, highlight the words you definitely know in green. Highlight the ones that you don't know in red. Work harder at learning the red words. When you think you know a red word, draw a star by it.

Una rutina de baile

- Teaching a dance routine
- Revising the imperative

Escucha y lee.

Pon las manos arriba.

Pon las manos abajo.

Da un paso a la izquierda.

Da un paso a la derecha.

Toca los pies.

Da palmas.

¡Salta!

¡Otra vez! ¡Repite!

¡Otra vez!	*Again!*
¡Repite!	*Repeat!*

Escribe la frase correcta en español.

1 Touch your feet.
2 Take a step to the right.
3 Put your hands down.
4 Clap your hands.
5 Take a step to the left.
6 Jump!
7 Put your hands up.

Remember, you use the imperative to tell someone what to do. Take the **tú** (you) form of the verb and take off the final 's'.

tocas (you touch) → **¡Toca!** (Touch!)
repites (you repeat) → **¡Repite!** (Repeat!)

Some imperatives are irregular:

pones (you put) → **¡Pon!** (Put!)

Con tu compañero/a, da instrucciones para hacer una rutina. Tu compañero/a hace la rutina.

- Primero da un paso a la derecha. Luego…

Use sequencers to help tell your partner what to do:
primero (first) **luego** (then) **ahora** (now)

Escucha y completa la canción con las palabras del recuadro.

Pon la mano aquí, pon la mano allá.
Aquí, **1** ___ y da la vuelta.
Bailamos bugui bugui, todos así.
Y vamos a aplaudir.

Estribillo
Hey bugui, bugui hey.
Hey bugui, bugui hey.
Hey bugui, bugui hey.
Y ahora **2** ___ a aplaudir.

Pon la pierna aquí, pon la **3** ___ allá.
Aquí, allá y da la vuelta.
Bailamos bugui bugui, todos así.
Y vamos a **4** ___.

(Estribillo)

Todo el **5** ___ aquí, todo el cuerpo allá.
Aquí, allá y da la vuelta.
Bailamos bugui bugui, todos así.
Y vamos a aplaudir.

(Estribillo)

cuerpo
aplaudir
vamos
pierna
allá

Da la vuelta.	*Turn around.*
el estribillo	*chorus*

Busca las frases en español en la canción.

1 put your hand here
2 put your leg there
3 we dance
4 everyone like this
5 we are going to applaud
6 the whole body

En un grupo de cuatro personas, prepara una rutina de ejercicio o de baile.

- Write a set of 4–6 instructions in Spanish.
- Choose some music to move to. Think carefully about the rhythm. Choose a lively, steady beat.
- Fit your instructions to the music. You can repeat individual steps to make the routine fit.
- Rehearse. Say the instructions out loud as you practise.

Adapt the instructions to include different body parts (e.g. knee, shoulder, elbow, toes, face). Use a dictionary to look up any unknown words.

Cada grupo presenta su rutina. Los otros grupos copian la rutina. Puntúan sobre 10 y dan su opinión.

Each group presents its routine. The other groups copy the routine. They give a score out of 10 and give their opinion.

A mí me encanta.
Me gusta muchísimo.
No me gusta nada.
¡Ay, ay, ay! ¡Fatal!

Jóvenes en acción

1 Mira el anuncio. Identifica los tres dibujos correctos.

Para los niños, es importante dedicar ocho horas a…

The number of child workers has reduced by over a third since 2000 from 246 to 152 million. Today in the Americas (including Latin America and the Caribbean), there are still almost 11 million children who work – that's 7.2% of all the children who work worldwide.

2 ¿Cuántos kilos de botellas de plástico recicladas contiene un coche Ford?

Some words are different in Latin American Spanish and Castilian Spanish, which is the standard Spanish spoken in Spain:

car { **coche** (Castilian) / **auto** (Latin American) }

¿En cuántos años se descompone una bolsa de plástico?

Una bolsa de plástico tarda unos 400 años en degradarse. Por eso es importante limitar su uso a lo absolutamente necesario.

- **a** trescientos años
- **b** doscientos años
- **c** cuatrocientos años

Alternativa 1: Bolsa reutilizable

Alternativa 2: Bolsa de papel

Alternativa 3: Bolsa de bioplástico

Raquel Carvajal Amador, Imagen de Veracruz

¿Puedes explicar este póster?

5 Se pueden reciclar muchos objetos diferentes. Empareja el objeto original con la foto correcta.

objeto original

1 un neumático
2 una botella de plástico
3 una raqueta de tenis

objeto nuevo

a

b

c

Niños del mundo

- Talking about children's lives
- Using the 'he/she/it' form of verbs

Escucha y lee. ¿Quién es? Empareja las frases con las fotos y los dibujos.

Ejemplo: **1** a

1 David vive en California. Es norteamericano pero su madre es argentina.

2 Lorenzo es español. Vive con sus padres en un piso en Salamanca.

3 Se llama Emma y vive en Birmingham. Es inglesa pero su padre es peruano.

4 Se llama Sara. Es colombiana y vive en la ciudad de Bogotá.

5 Amba es pakistaní. Vive en un pueblo pequeño y tranquilo.

Adjectives of nationality start with a small letter in Spanish. Most change their ending to agree with the person or noun they describe, including those ending in **-s** or another consonant.

ending in:	masculine singular	feminine singular
-o	colombian**o** norteamerican**o** argentin**o** peruan**o**	colombian**a** norteamerican**a** argentin**a** peruan**a**
-és	ingl**és**	ingl**esa**
other consonants	español	español**a**
-e / -ú / -í	pakistaní	pakistaní

Escribe las frases en español.

Ejemplo: Carmen es española y vive en Barcelona.

1 Carmen  y  Barcelona.

2 Tariq  y  Karachi.

3 Isaac  y 🏠 Santa Cruz.

4 Sara  y  Florida.

5 María  y 🏠 Lima.

6 Hugo , pero  Madrid.

Con tu compañero/a, describe una persona del ejercicio 2. ¿Quién es?

● Es argentino y vive en Santa Cruz. ¿Quién es?

■ Es Isaac.

Lee el texto. Elige la respuesta correcta.

Soy Fernando y soy de Arequipa, Perú. Soy peruano. Vivo con mi familia en el centro de la ciudad. Por la mañana desayuno y organizo mis cosas para el insti. Luego voy al insti en bici, donde estudio todo el día. Más tarde ayudo a mi mamá en la cocina. Preparo la cena y lavo los platos. Y tú, ¿cómo es tu vida?

1. ¿De dónde es Fernando?
   Es de Paraguay / Polonia / Perú.
2. ¿Cuál es su nacionalidad?
   Es polaco / peruano / paraguayo.
3. ¿Con quién vive?
   Vive con sus tíos / sus abuelos / su familia.
4. ¿Qué hace por la mañana?
   Come y bebe. / Limpia la casa. / Sale con el perro.
5. ¿Qué hace durante el día?
   Trabaja en casa. / Tiene clases. / Hace ciclismo.
6. ¿Cómo ayuda en casa?
   Cocina. / Lee libros. / Hace los deberes.

Gramática

Use the third person singular verb endings to talk about someone or something else (he/she/it). Present tense verbs work like this in the third person:

verbs	infinitive	1st person singular (I)	3rd person singular (he/she/it)
regular -ar	trabajar	trabajo	**trabaja** (works)
regular -er	comer	como	**come** (eats)
regular -ir	vivir	vivo	**vive** (lives)
irregular	hacer	hago	**hace** (does / makes)
	ir	voy	**va** (goes)
	ser	soy	**es** (is)
	tener	tengo	**tiene** (has)

>> p94

Escucha. Copia y completa la tabla en inglés. (1–2)

	name	from…	nationality	lives with…	in the morning…	in the evening…
1	Santino					
2	Carolina					

Con tu compañero/a, habla de un niño del ejercicio 5. Haz un diálogo con las preguntas del ejercicio 4.

- ● ¿De dónde es Santino?
- ■ Es de Argentina.
- ● ¿Cuál es su nacionalidad?
- ■ Es argentino.

Traduce las frases al español.

Remember the rules for nationality adjectives.

The verb **ir** is irregular and you need to know it by heart.

1. Fernando is Peruvian.
2. He lives with his parents in Arequipa.
3. In the morning he has breakfast.
4. Then he goes to school by bike.
5. In the afternoon he prepares dinner with his mum.

Use **su** or **sus** here.

Use the correct verb ending for 'he'.

Mis derechos

- Talking about children's rights
- Using the verb **poder**

Escucha y escribe la letra correcta. (1–6)

Ejemplo: **1** c

tengo derecho a *I have the right to*

a Tengo derecho al amor y a la familia.

b Tengo derecho al juego.

c Tengo derecho a la educación.

d Tengo derecho a la protección.

e Tengo derecho a la libertad de expresión.

f Tengo derecho a un medio ambiente sano.

The United Nations Convention on the Rights of the Child is an important document. It outlines every child's rights. Around the world, however, some children are deprived of these rights.

Con tu compañero/a, empareja las mitades de las frases. Luego lee las frases completas en voz alta.

salir a la calle *to go out in the street*

Ejemplo: **1** d

1 **Mee-Yon:** Tengo derecho a la libertad de expresión…
2 **Matías:** Tengo derecho al juego…
3 **Bea:** Tengo derecho a la educación…
4 **Jacob:** Tengo derecho a la protección…
5 **Félix:** Tengo derecho a un medio ambiente sano…
6 **Valentina:** Tengo derecho al amor…

a … pero no **puedo** jugar con mis amigos.
b … pero no **puedo** respirar.
c … pero no **puedo** salir a la calle.
d … pero no **puedo** dar mi opinión.
e … pero no **puedo** vivir con mi familia.
f … pero no **puedo** ir al instituto.

Escucha y comprueba tus respuestas.

Gramática

Poder (to be able to / can) is a stem-changing verb.
It is usually followed by an infinitive.

puedo	I can	**podemos**	we can
puedes	you can	**podéis**	you (pl) can
puede	he/she can	**pueden**	they can

Puedo jugar con mis amigos. I can play with my friends.
No podemos respirar. We can't breathe.

>> p94

Traduce las frases al español.

1 I can't give my opinion.
2 They can't drink clean water.
3 Can you sleep?
4 We can't go out in the street.
5 He can't go to school.
6 Can you (plural) breathe?

Lee el artículo. ¿Verdadero o falso? Escribe V o F.

privado/a de	*deprived of*
mi país	*my country*
las mujeres	*women*

¿Privados de derechos?

Me llamo Iker. Tengo trece años y soy español. Está bien vivir en España porque tenemos muchas posibilidades. Podemos ir al insti, por ejemplo. También podemos dar nuestra opinión.

Me llamo Liliana y soy mexicana. Vivo en Ciudad de México y no puedo respirar porque el aire está contaminado. Tengo un amigo, Alonso, que no puede ir al insti porque tiene que trabajar y ganar dinero. ¡Es inaceptable!

Me llamo Diba y soy iraquí. Vivo en Basra. En mi país a veces hay violencia contra las mujeres y no podemos salir solas. En casa no puedo expresar mis ideas porque soy una chica y mi padre es muy estricto. ¡No es justo!

1 Iker no puede expresar su opinión.
2 En España los niños no pueden ir al colegio.
3 En Ciudad de México hay mucha contaminación.
4 Alonso no tiene acceso a la educación.
5 En Iraq las niñas pueden salir solas.
6 Diba no tiene libertad de expresión en casa.

Con tu compañero/a, habla de los niños del ejercicio 2.

● Bueno, Mee-Yon tiene derecho a la libertad de expresión.
■ Sí, pero no puede dar su opinión. ¡No es justo!

Think about which elements of the sentences from exercise 2 you need to change when talking about someone else.

'my'	'his/her'
mi opinión →	**su opinión**
mis amigos →	**sus amigos**
'I'	'he/she'
tengo derecho →	**tiene derecho**
no puedo →	**no puede**

Escucha y elige la opción correcta.

Ejemplo: **1** Andrea puede salir con sus amigos.

1 Andrea puede / no puede salir con sus amigos.
2 Fátima no tiene derecho a la educación / puede ir al insti.
3 Gael tiene derecho a un medio ambiente sano / puede respirar.
4 Dan puede / no puede dar su opinión.
5 Ana puede vivir con su familia / tiene derecho al amor y a la familia.

Imagina que eres José, un chico colombiano. Escribe un artículo sobre tu vida.

Include the following information:

- Jose – Colombia – live in Bogota **(Me llamo… Soy… Vivo…)**
- can express opinion **(Puedo…)**
- can go out in the street, not much violence **(También puedo… porque…)**
- have right to play with friends **(Tengo derecho a…)**
- have to work and earn money **(Tengo que…)**.

¿Cómo vas al insti?

- Talking about journeys to school
- Using the comparative

1 **Escucha y lee. Empareja los medios de transporte con las razones correctas. (1–6)**

Ejemplo: **1** d

¿Cómo vas al insti? ¿Por qué?

1 Voy a caballo

2 Voy en bici

3 Voy en metro

4 Voy en autobús y en tren

5 Voy en barco

6 Voy a pie

porque…

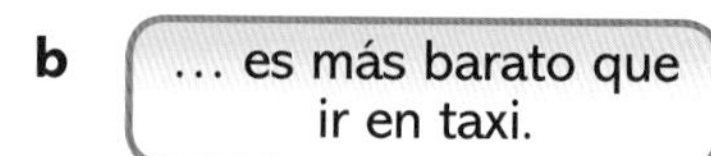

a … es más rápido que ir a pie.

b … es más barato que ir en taxi.

c … es más verde que ir en autobús.

d … es más práctico que ir en coche.

e … ¡es la única opción!

f … es más seguro que nadar.

2 **Lee las frases y tus respuestas del ejercicio 1 otra vez. ¿Qué medio de transporte es? Contesta en inglés.**

1. It's greener.
2. It's the only option.
3. It's cheaper.
4. It's faster.
5. It's more practical.
6. It's safer.

To compare two things, use the comparative:
más + adjective + **que**… more… than…

Es más rápido ir en coche que ir a pie.
It's quicker to go by car than to walk.

Ir en bici es más barato que ir en autobús.
Going by bike is cheaper than going by bus.

>> p95

3 **Mira los dibujos. Con tu compañero, haz diálogos.**

- ¿Cómo vas al insti?
- ■ Voy en bici.
- ¿Por qué?
- ■ Porque es más verde que ir en coche.

1 

2 

3   

4  

5 ¿Y tú?

Lee los textos y contesta a las preguntas.

Hola, soy Manuela. Tengo doce años y vivo en las Filipinas. Me levanto muy temprano, a las cuatro. Primero, tengo que vender cosas en el mercado para mi padre. Luego voy al insti. Voy sola y a pie. El viaje es de dos horas. El autobús es más rápido pero no es barato. Para mí, los estudios son muy importantes, porque me gustaría ir a la universidad. En el futuro voy a ser médica.

Me llamo Xavi. Soy mexicano. No puedo ir a un instituto porque vivo en una zona rural y no hay transporte. Por eso, voy a un centro de Telesecundaria en mi pueblo. Me levanto a las ocho porque el centro está a diez minutos en bici. Aprendo por programas de televisión y tenemos un 'profe virtual' en línea. Está bien, pero no me gusta mucho estudiar. En el futuro voy a trabajar con mi padre.

vender *to sell*
el viaje *the journey*

Who…

1 walks to school?
2 gets up later?
3 has the longer journey to school?
4 thinks studying is very important?
5 is not going to go to university?
6 is going to study medicine?

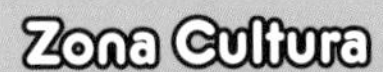

Zona Cultura

More than a million students in remote areas of Mexico study via **Telesecundaria**, a distance-learning network system organised by the government. Students learn remotely with the help of TV programmes and an online teacher.

Escucha. Copia y completa la tabla en español. (1–2)

	nombre	transporte ahora	porque…	transporte futuro	porque…
1	Alisha	a pie			
2	Juan				

Con tu compañero/a, describe cómo van al insti Alisha y Juan y qué van a hacer en el futuro.

- Se llama… Ahora va… porque… En el futuro va a ir… porque…

Use the near future tense to describe how someone is going to travel.

Voy a ir en tren. I am going to go by train.
Va a ir en coche. He/She is going to go by car.

Traduce el texto al español. Utiliza los textos del ejercicio 4 como modelo.

My name is Rafael. I am Bolivian and I live in La Paz with my parents. I go to school by bike because it is more practical than walking. In the future I am going to go to university. I am going to go by bus because it is the only option.

¡Un mundo mejor!

- Talking about environmental issues
- Using the 'we' form of verbs

Escucha y lee el rap. Pon los dibujos en el orden del texto.

Estribillo
¡Reduce! ¡Reutiliza! ¡Recicla!
¡Reduce! ¡Reutiliza! ¡Recicla!
¡Planeta te quiero verde, te quiero verde!
¡Planeta te quiero verde, te quiero verde!

Pero **vamos** siempre en coche,
no **vamos** en bici, no **vamos** a pie.
Y no **reciclamos** papel ni vidrio,
no **reciclamos** botellas de plástico.

(*Estribillo*)

Nunca **usamos** la ducha en casa,
preferimos un baño y **malgastamos** agua.
No **conservamos** energía, ¡es la verdad!
No **apagamos** la luz, no **conservamos** electricidad.

(*Estribillo*)

a

b

c

d

e

f

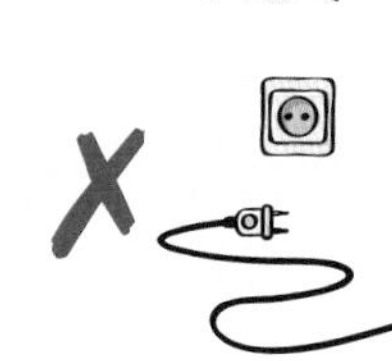

g

h

¡Canta el rap!

Gramática

In the present tense, these are the verb endings you use to talk about what 'we' do.

verbs	infinitive	1st person plural (we)
regular -ar	recicl**ar**	recicl**amos** (we recycle)
regular -er	vend**er**	vend**emos** (we sell)
regular -ir	reduc**ir**	reduc**imos** (we reduce)
irregular	hacer	hacemos (we do / make)
	ir	vamos (we go)
	ser	somos (we are)
	tener	tenemos (we have)

>> p95

Busca las frases en español en el rap.

1. We don't go by bike.
2. We don't recycle paper or glass.
3. We never use the shower.
4. We waste water.
5. We don't save energy.
6. We don't switch off the light.

Con tu compañero/a, juega. Haz una raya vertical, horizontal o diagonal.

- Apagamos la luz.
- ...

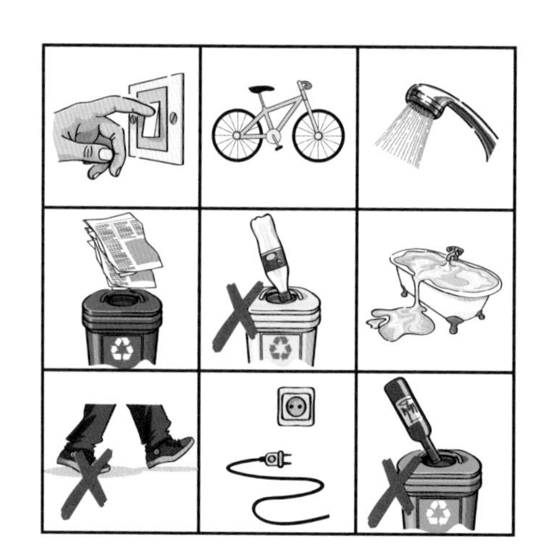

Escucha y lee el texto. Copia y completa la tabla en inglés. Utiliza un diccionario, si es necesario.

what they already do now	what they plan to do
go to school by bike / on foot	…

¡Ya somos un instituto verde!

Ya…

- Vamos al insti en bicicleta o a pie.
- Reciclamos las botellas de plástico en el insti.
- Tenemos un jardín en el insti donde plantamos árboles y flores.
- Reducimos el consumo eléctrico (por ejemplo, apagamos las luces).

El plan para hacer un mundo mejor…

Proyectos futuros:

- Vamos a recaudar fondos para nuestro instituto hermanado en Bolivia.
- Vamos a organizar un evento (por ejemplo, un concierto o una rifa).
- También vamos a vender pasteles.
- Vamos a escribir cartas para Amnistía Internacional.

ya	*already*
recaudar fondos	*to raise funds*
hermanado	*twinned, partner*

SKILLS

Using what you know

Remember to use the context and language you know to work out the meaning of unfamiliar words. What do you think **plantamos árboles y flores** could mean?

Escucha. ¿Presente (ya) o futuro? Copia y completa la tabla con las letras correctas.

ya	en el futuro
e, …	

a

b

c

d

e

f

SKILLS

Creating interesting sentences

Use **para** (in order to) + infinitive to create longer and **more** interesting sentences.

Para ser un instituto verde…
In order to be a green school…

Para hacer un mundo mejor…
In order to create a better world…

Prepara una presentación sobre tu insti.

Write about:

- what you already do in your school to help the environment **(Ya conservamos agua,…)**
- what you plan to do in the future **(Para hacer un mundo mejor, vamos a organizar un evento,…)**.

Practica y haz tu presentación.

Recaudamos dinero

- Writing about raising money for charity
- Looking up verbs in a dictionary

WRITING SKILLS

SKILLS

Noun or verb?

Many words in English can be both a noun and a verb (e.g. 'train'). When you use a dictionary, make sure you choose the right word in Spanish.

Remember: • nouns are labelled **nm** or **nf**
• verbs are labelled **vb**, **vt** or **vi**.

train *n*	**train** *vi*
(*railway*)	(*to practise, to exercise*)
tren *nm*	entrenar *vi*
The train leaves at 5 o'clock.	The team trains every day.
El tren sale a las cinco.	*El equipo entrena todos los días.*

1 LEER

Copia y completa las frases con el verbo o el sustantivo correcto. Busca en un diccionario si es necesario.

Copy and complete the sentences with the correct verb or noun. Look in a dictionary if necessary.

Ejemplo: **1 a** Es una película de ciencia ficción.

1 a Es una ___ de ciencia ficción. (film)
b Voy a ___ una entrevista con Taylor Swift. (film)

2 a Se debe ___ agua frecuentemente. (drink)
b La limonada es mi ___ favorita. (drink)

3 a Hago los deberes en el ___. (study)
b Tengo que ___ mucho en el insti. (study)

4 a Voy a ___ a Iván mañana. (phone)
b ¿Puedo usar tu ___? (phone)

SKILLS

Verbs with multiple meanings

Some English verbs have more than one translation in Spanish. Check you have the right verb by looking at examples given in the dictionary and by checking verb meanings in the Spanish-to-English section.

play *vt*	**play** *vt*
(*to take part in a sport or game*)	(*to perform on a musical instrument*)
jugar a *vi + prep*	tocar *vt*
Do you like to play tennis?	He plays the piano and the guitar.
¿Te gusta jugar al tenis?	*Toca el piano y la guitarra.*

2 LEER

Usa un diccionario para elegir el verbo correcto y escribe la frase.

1. Vamos a tocar / jugar al rugby. (We are going to play rugby.)
2. Es importante luchar / pelear contra el cáncer. (It's important to fight against cancer.)
3. Se debe levantar / recaudar fondos para Amnistía Internacional. (You must raise funds for Amnesty International.)
4. Voy a funcionar / trabajar nueve horas al día. (I am going to work nine hours a day.)

3 ESCRIBIR

Traduce las frases al español. Busca los infinitivos en un diccionario si es necesario.

1. I have to create a poster.
2. We can reuse paper, plastic and glass.
3. It is important to donate money to Plan International.
4. We are going to wash cars.
5. I am going to participate in an event.
6. We can sponsor a child.

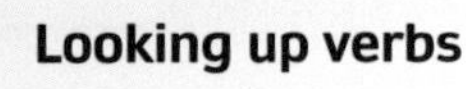

SKILLS

Looking up verbs

Verbs are listed in a dictionary in the **infinitive** form, which means you cannot find 'we are doing', or 'we did': you have to look them up under 'to do'. Sometimes you can use the infinitive in your speaking or writing. Use the infinitive after:

- **tengo que…** (I have to…)
- **podemos…** (we can…)
- **vamos a…** (we are going to…)
- **es importante…** (it is important to…).

4 ESCRIBIR

Escribe las frases en español. Utiliza la forma correcta de cada verbo.

1. We do a lot to help children.
   (Hacer) mucho para ayudar a los niños.
2. Last year we devoted lots of time to charity events.
   El año pasado (dedicar) mucho tiempo a eventos solidarios.
3. In June I participated in a sponsored bike ride.
   En junio (participar) en un paseo en bici apadrinado.
4. Every year we organise a dance show.
   Todos los años (organizar) un espectáculo de baile.
5. We support our partner school.
   (Apoyar) a nuestro instituto hermanado.

SKILLS

Using the right verb form

You often need to change the infinitive you find in a dictionary in order to use the verb in your writing or speaking. Ask yourself:

- Which tense do you need? Past, present or future?
- Which person of the verb do you need ('I', 'he/she', 'we', etc.)?

For help with forming your verb, check the grammar features in *¡Viva!* and use the verb tables on pages 136–137.

Remember, the 'we' form of regular **–ar** verbs is the same in the present tense and the preterite.
E.g. **organizamos** means 'we organise' and 'we organised'.
Pay close attention to the time phrases and the context to work out meaning.

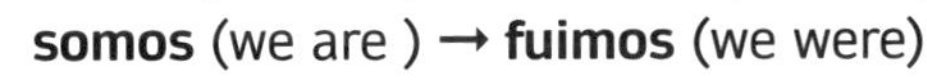
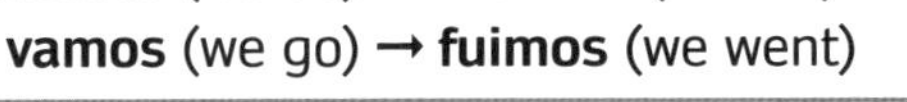

Irregular verbs have different present tense and preterite forms:

tenemos (we have) → **tuvimos** (we had) **hacemos** (we do) → **hicimos** (we did)
somos (we are) → **fuimos** (we were) **vamos** (we go) → **fuimos** (we went)

5 ESCRIBIR

Completa el texto con los verbos correctos en español.

Todos los años en mi insti **1** (we do) muchos proyectos para **2** (to raise) fondos. Por ejemplo, el año pasado **3** (we did) una venta de pasteles. **4** (We designed) muchos pósteres para hacer publicidad. ¡Lo pasamos bomba! El marzo pasado **5** (we participated) en una carrera de 5 kilómetros. ¡Para mí fue muy difícil porque no me gusta el footing! ¿Lo más importante? **6** (We raised) muchos fondos.

6 ESCRIBIR

Describe los proyectos solidarios en tu instituto.

Write about:

- what you do every year to raise money **(Todos los años…)**
- who you raise funds for **(para apoyar…)**
- what you did last year for charity **(El año pasado…)**
- the amount of money you raised **(Recaudamos…)**
- how it went **(¡Lo pasamos…!)**.

Solidarios

- Reading about world issues
- Using questions and general knowledge to work out meaning

Escucha y lee el poema. Copia y completa la versión en inglés.

Niños de Somalia

Yo como
Tú comes
Él come
Nosotros comemos
Vosotros coméis
¡Ellos no!

Gloria Fuertes

Children of Somalia

I ——
—— eat
—— ——
We ——
—— ——
They ——!

Lee el poema otra vez. Contesta a las preguntas en inglés.

1 Which form of the verb **comer** is not used in the poem and why?
2 What is the poet's message? Explain why you think this.
3 What is your opinion of this poem? Give your reasons.

Escribe un poema utilizando *Niños de Somalia* como modelo. Elige uno de los títulos y utiliza el verbo indicado.

Write a poem using Niños de Somalia *as a model. Choose one of the titles and use the verb given.*

Ejemplo:

Yo estudio
Tú estudias
...

Niñas de Afganistán

estudiar

Niños de Haití

beber

The verb **beber** works in the same way as **comer** in exercise 1, but **estudiar** is an **-ar** verb and has different endings. Look at page 22 to remind you.

Lee el artículo. ¿De qué trata? Contesta a las preguntas.

En un reportaje especial, los niños y las niñas de España dan su opinión sobre sus vidas. ¿Qué es lo más importante para ellos?

UNICEF Comité Español analiza las opiniones de los niños y niñas. Aplica un derecho fundamental de la Convención sobre los Derechos del Niño: el derecho a la libertad de expresión.

1 The special report contains the opinions of...
   a parents
   b young people
   c experts
2 They discuss what is...
   a most difficult
   b most interesting
   c most important
3 UNICEF Spanish Committee...
   a analyses their views
   b rejects their opinions
   c promotes their understanding
4 The study upholds children's right to...
   a safety
   b an education
   c have their say

Lee el texto. Pon los dibujos en el orden del texto.

Ejemplo: c, …

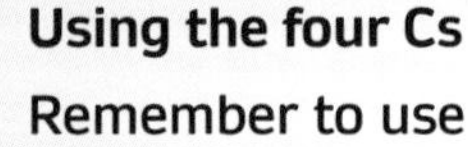

SKILLS

Using the four Cs

Remember to use **clues** (e.g. the questions in English, pictures, title), **cognates, context** and **common sense** to help you answer the questions. In exercise 5, take each image and scan the text for the language that matches it.

Vivo aquí en el campamento de Auserd. El agua es muy importante aquí en el desierto. Tenemos que ayudar a recoger el agua porque una familia necesita mucha agua todos los días: primero, para beber; segundo, para lavarse; y tercero para los servicios. También sirve para lavar la ropa y para cocinar. No vivimos en casas, sino en tiendas que se llaman 'jaimas'. En el verano las temperaturas llegan hasta los 40 grados. Hay una piscina en el campamento, pero no podemos nadar cada día, solo de vez en cuando.

recoger	*to collect*
los servicios	*toilets*

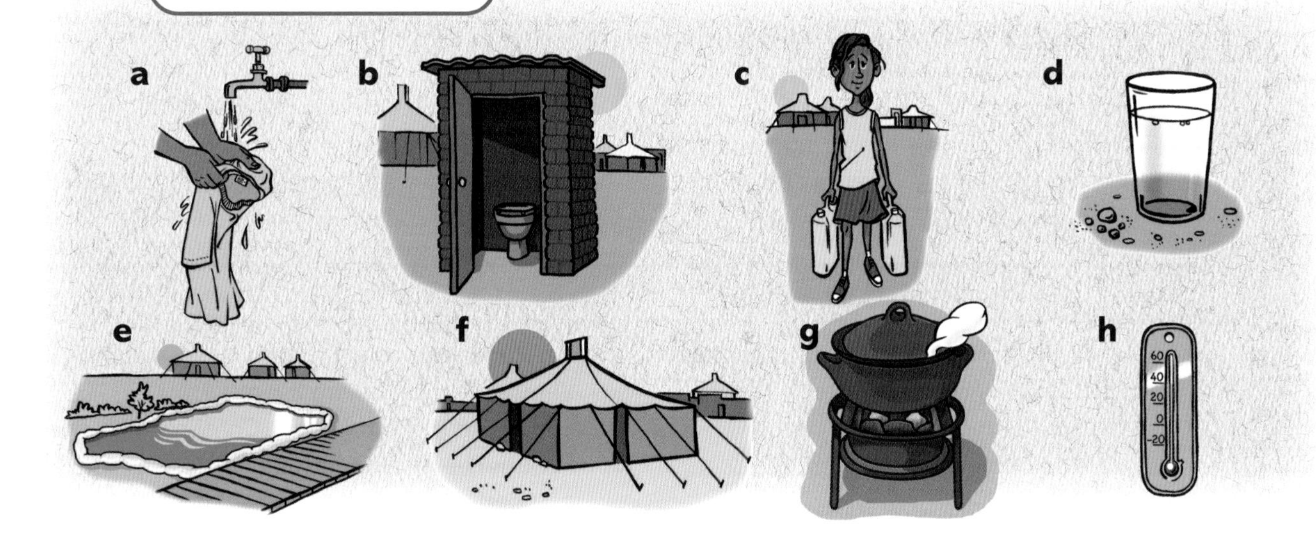

Mira el póster. Empareja los dibujos con las acciones. Utiliza el minidiccionario, si es necesario.

SKILLS

Understanding unfamiliar words

The **four Cs** can also help you work out the meaning of new words. What does your **common sense** tell you about ways to save water?

a regar las plantas con agua de lluvia
b no jugar con agua
c reducir el tiempo que pasas en la ducha
d cerrar el grifo cuando te lavas los dientes
e reducir el número de descargas de WC

Traduce las <u>cinco</u> acciones al inglés.

- say where someone is from and his/her nationality — **Es de Colombia. Es colombiano/a.**
- talk about other people's lives — **Por la mañana estudia. Por la tarde trabaja con su padre.**
- make adjectives of nationality agree — **Juan es boliviano. Lidia es peruana.**
- use the 'he/she/it' form of verbs — **Vive con su familia. Ayuda a su madre.**

- say what rights I have as a child — **Tengo derecho al juego.**
- say what I can and cannot do — **Puedo jugar con mis amigos. No puedo respirar.**
- discuss children's lack of rights — **No es justo porque no puede dar su opinión.**
- use the verb **poder** with an infinitive — **No podemos dormir. Pueden ir al insti.**

- say how I and others get to school — **Voy al insti en autobús. Va en barco.**
- give reasons for using different modes of transport — **Voy a pie porque es más verde.**
- say how I and others will travel in the future — **En el futuro voy a ir en bici. Va a ir en tren.**
- use the comparative — **Ir en coche es más rápido que ir a pie.**

- say what we do / don't do for the environment — **Reciclamos papel y plástico. No apagamos la luz.**
- say what we are going to do for charity — **Vamos a organizar un evento.**
- use the 'we' form of verbs — **Somos un instituto verde. Conservamos energía.**
- S use **para** to create longer sentences — **Para hacer un mundo mejor, vamos a conservar electricidad.**

- S use a dictionary when writing
- S choose the correct Spanish verb in a dictionary by checking in the Spanish-to-English section to decide which translation is correct
- S use the correct verb form by checking the grammar features and the verb tables
- S write about raising money for charity

- S use reading strategies to understand authentic texts about world issues
- S use the **'four Cs'** to understand the detail of a text and work out the meaning of new words
- S work out the meaning of unfamiliar language by using general knowledge

1 **In pairs. Play vocabulary tennis. Take turns to say nationalities in Spanish. Pausing or repeating one gives away a point!**

2 **Write four complete sentences, using this structure:** ***Tengo derecho […], pero no puedo […].***

a la educación | a un medio ambiente sano | al juego | a la libertad de expresión

respirar | dar mi opinión | ir al insti | jugar con mis amigos

3 **Write the 'he/she/it' forms of these verbs in the present tense.**

1 reciclar **2** proteger **3** salir **4** ayudar **5** leer **6** escribir

¡Get set!

4 **Write sentences, comparing these modes of transport.**

Ejemplo: Ir en avión es más rápido que ir en barco.

en avión – rápido – en barco
en bici – barato – en coche
a pie – verde – en autobús
en coche – práctico – a caballo

5 **Complete the sentences, contrasting now and plans for the future.**

1 Ahora siempre vamos en coche, pero en el futuro…
2 Ahora no reciclamos nada, pero en el futuro…
3 Ahora malgastamos agua en casa, pero en el futuro…
4 Ahora nunca apagamos las luces, pero en el futuro…
5 Ahora no tenemos espacios verdes en el instituto, pero en el futuro…

¡Go!

6 **Translate the message into English.**

Soy colombiana y vivo con mi madre en la ciudad de Bogotá. Me chifla la ciudad, pero no puedo salir con mis amigos por la noche porque es peligroso, y por eso creo que en el futuro voy a vivir en el campo.

7 **Translate the questions into English. Prepare answers in Spanish. In pairs, ask and answer them.**

1 ¿Cuál es tu nacionalidad?
2 ¿Qué derechos tienes?
3 ¿Cómo vas al instituto?
4 ¿Qué vas a hacer para tener un mundo mejor?

8 **Write your own text using Paola's text as a model.**

Escucha. Tres jóvenes hablan de los problemas en su vida. Escribe <u>una</u> letra para cada persona. (1–3)

Listen. Three teenagers are talking about problems in their lives. Write <u>one</u> letter for each person.

a	journey to school
b	sports
c	city life
d	work
e	family

Escucha a Rubén y a Nuria, que hablan de sus derechos. Escribe P (positivo), N (negativo) o P+N (positivo y negativo). (1–2)

1 Rubén
- **a** salir
- **b** el futuro

2 Nuria
- **a** la libertad de expresión
- **b** la ciudad

Remember T**RAP**S:
- **R**eflect, don't **R**ush!: Before you listen, anticipate words you may hear.
- **P**ositive or negative?: Listen out for clues to a change of opinion (e.g. **pero**, **sin embargo**, **aunque**).

Mira el juego de rol y prepara tus respuestas.

You are talking to your Spanish friend about your school and city.

- ¿Cómo vas al instituto?
- *(Say how you get to school.)* Voy…
- ¿Qué hacéis para ser un instituto verde?
- *(Say what you do to be a green school.)* …
- Vale. ¿…?
- !
- Bien. ¿Dónde vas a vivir en el futuro?
- *(Say where you are going to live.)* Voy a…
- De acuerdo.
- **?** *(Ask her a question about recycling.)* ¿…?
- Reciclo todo lo posible.

! means you have to <u>answer</u> an <u>unexpected</u> question.
? means you have to <u>ask</u> a question.

Con tu compañero/a, escucha y haz el juego de rol del ejercicio 3 <u>dos</u> veces. (1–2)

Do one complete role play each. Listen to your partner and give feedback on his or her performance.

Each time you will hear a different unexpected question. Be sure to answer with a full sentence.

Descripción de una foto. Mira la foto y prepara tus respuestas a las preguntas. Luego haz diálogos con tu compañero/a.

- ¿Qué hay en la foto?
- ¿Y tú? ¿Reciclas en el instituto?
- ¿Qué vas a hacer para proteger el medio ambiente?

Say what you see:
- **who** is in the photo, their **clothes** and **appearance**
- **what** they are doing
- **what** the weather is like.

Draw conclusions. Say **what** you think and **why**:
- Hace sol **y por eso** creo que es verano.
- Todos llevan una camiseta verde **y por eso** creo que están en el colegio.

Lee el texto y las preguntas. Luego escribe las letras correctas.

El burro en la escuela
Poema de Gloria Fuertes

Una y una, dos.
Dos y una, seis.
El pobre burrito
contaba al revés.

– ¡No se lo sabe!
– Sí me lo sé.
– ¡Usted nunca estudia!
Dígame ¿por qué?

– Cuando voy a casa
no puedo estudiar;
mi amo es muy pobre,
hay que trabajar.

Trabajo en la noria
todo el santo día
¡No me llame burro,
profesora mía!

el burro	*donkey*
el amo	*owner*
la noria	*water wheel*

1. The poem takes place **a** at home **b** in a school **c** on a farm.
2. The two sums at the start of the poem are **a** both correct **b** one correct and one incorrect **c** both incorrect.
3. The teacher asks **a** where he studies **b** when he studies **c** why he never studies.
4. The donkey says he has to **a** work **b** help his father **c** help his teacher.

SKILLS

Working with challenging texts

Don't worry if you don't understand every word. Remember the **four Cs:**

- **Clues** – Use the English questions, picture and title for a sense of the poem's theme. Then weigh the options for each question, looking for evidence in the text.
- **Cognates** – When you spot a (near-)cognate, look at the words before and after it. The word 'pobre' occurs twice. What do you think it might mean?
- **Context** – Poems sometimes contain dialogue. Try to work out when the teacher is talking and the donkey is replying.
- **Common sense** – Don't rely too much on your own experience. Make sure that your conclusions are supported by key words in the text, too. E.g. 'estudia', 'por qué', 'trabajar'.

Escribe un correo a tu amigo/a español(a).

Menciona:
- dónde y con quién vives
- cómo vas al insti
- tu opinión de tu ciudad
- qué vas a hacer este fin de semana en tu ciudad.

Try to include:
- different persons of verbs ('he/she/it', 'we')
- a variety of links (**además**, **sin embargo**, **por eso**)
- a range of two-verb structures (**poder** + infinitive, **(no) me gusta** + infinitive).

The third person singular (he/she/it)

In the present tense, these are the verb endings you use to talk about someone else.

	infinitive		3rd person singular (he/she/it)	
regular **-ar** verbs	trabaj**ar**	(to work)	trabaj**a**	(works)
regular **-er** verbs	com**er**	(to eat)	com**e**	(eats)
regular **-ir** verbs	viv**ir**	(to live)	viv**e**	(lives)
irregular verbs	hacer	(we do / make)	hace	(does / makes)
	ir	(to go)	va	(goes)
	ser	(to be)	es	(is)
	tener	(to have)	tiene	(has)

1 Change the present tense verbs in the first person ('I') into the third person singular ('he/she/it').

Example: **1** Es boliviana y…

1. **Soy** boliviana y **tengo** doce años.
2. **Vivo** en Londres, pero **hablo** español en casa.
3. **Escribo** canciones y **toco** la guitarra.
4. **Como** pollo y **bebo** agua frecuentemente.
5. **Voy** a la piscina, donde **hago** natación.
6. No **voy** al instituto porque **ayudo** a mi madre en casa.

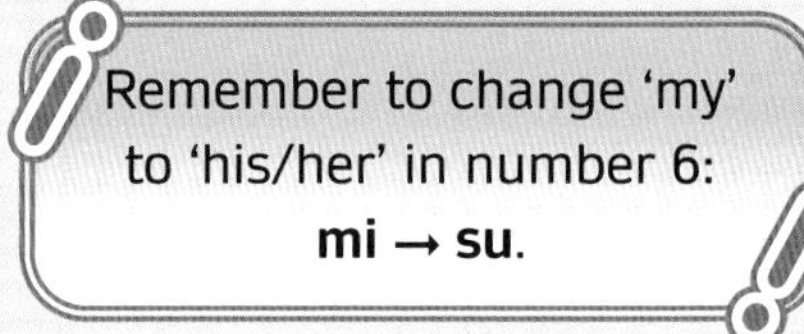

2 Copy and complete the text with the correct forms of the verbs in brackets in the present tense.

Example: José tiene once años…

José (tener) once años y (ser) colombiano. No (poder) ir al insti. (Trabajar) con su familia todos los días y (ganar) dinero. (Ir) al trabajo en coche con su padre. (Reparar) coches siete horas al día, cinco días a la semana. También (ayudar) a su mamá en casa.

3 Translate the text from exercise 2 into English.

Poder

Poder (to be able to / can) is a stem-changing verb which is usually followed by an infinitive.

p**ue**do	I can	podemos	we can
p**ue**des	you can	podéis	you (plural) can
p**ue**de	he/she can	p**ue**den	they can

No p**ue**do estudiar. I can't study. P**ue**de jugar. He/She can play.

4 Fill in the gaps with the correct form of poder for the word given in brackets. Then translate the sentences into English.

Example: **1** No puede salir sola. She can't go out alone.

1. No —— salir sola. (she)
2. —— ir al insti. (we)
3. No —— estudiar. (they)
4. No —— dar mi opinión. (I)
5. ¿—— jugar con tus amigos? (you singular)
6. —— dormir. (you plural)

The comparative

To compare two things, use the comparative:

más + adjective + **que**... more... than...

You can sometimes use the comparative with an infinitive. In this case, the adjective does not agree with a noun.

Ir en bici es más barato que ir en autobús. Going by bike is cheaper than going by bus.

5 How is it better to travel? Create five sentences comparing different modes of transport. Use the adjectives below.

Example: Ir a pie es más verde que ir en coche.

verde rápido práctico barato seguro

However, when you compare two nouns, the adjective must agree with the first noun mentioned.

Un elefante es más lent**o** que un leopardo. An elephant is slower than a leopard.
Los coches son más rápid**os** que los caballos. Cars are faster than horses.

Una bici es más práctic**a** que un barco. A bike is more practical than a boat.
Las ciencias son más complicad**as** que los idiomas. Sciences are more complicated than languages.

6 Choose the correct form of each adjective in these comparisons. Then translate the sentences into English.

1 Los estudios son más importantes / importante que el trabajo.
2 Una bici es más verde / verdes que un coche.
3 La vida es más duro / dura en India que en Inglaterra.
4 El uniforme es más práctico / prácticos que la ropa informal.
5 Los trenes son más rápidas / rápidos que los autobuses.

The first person plural (we)

In the present tense, these are the verb endings you use to talk about what 'we' do.

	infinitive		**1st person plural (we)**	
regular -ar verbs	recicl**ar**	(to recycle)	recicl**amos**	(we recycle)
regular -er verbs	vend**er**	(to sell)	vend**emos**	(we sell)
regular -ir verbs	reduc**ir**	(to reduce)	reduc**imos**	(we reduce)
irregular verbs	hacer	(to do / make)	hacemos	(we do / make)
	ir	(to go)	vamos	(we go)
	ser	(to be)	somos	(we are)
	tener	(to have)	tenemos	(we have)

7 What do we do to help? Create six sentences, using a phrase from each box.

Example: En mi insti reciclamos papel.

En mi insti	no malgastamos	los aparatos eléctricos.
En casa	usamos	energía.
Ya	conservamos	papel.
Todos los años	reciclamos	agua.
Siempre	organizamos	un evento.
A veces	apagamos	transporte público.

Las nacionalidades Nationalities

¿Cuál es su nacionalidad?	What is his/her nationality?
Es...	He/She is...
argentino/a	Argentinian
boliviano/a	Bolivian
colombiano/a	Colombian
mexicano/a	Mexican
norteamericano/a	North American
peruano/a	Peruvian
inglés/inglesa	English
español(a)	Spanish
pakistaní	Pakistani

Sobre su vida About his/her life

¿De dónde es?	Where is he/she from?
Es de...	He/She is from...
¿Dónde vive?	Where does he/she live?
Vive en...	He/She lives in...
¿Con quién vive?	Who does he/she live with?
Vive con sus padres.	He/She lives with his/her parents.
¿Qué hace por la mañana?	What does he/she do in the morning?
Desayuna.	He/She has breakfast.
Organiza sus cosas.	He/She organises his/her things.
Va al insti.	He/She goes to school.
¿Qué hace durante el día?	What does he/she do during the day?
Ayuda a su madre.	He/She helps his/her mother.
Estudia.	He/She studies.
Hace los deberes.	He/She does his/her homework.
Prepara la cena.	He/She prepares dinner.

Mis derechos My rights

Tengo derecho...	I have the right...
al amor y a la familia	to love and to family
al juego	to play
a la educación	to an education
a la libertad de expresión	to freedom of expression
a la protección	to protection
a un medio ambiente sano	to a healthy environment
No puedo...	I cannot...
dar mi opinión	give my opinion
ir al insti(tuto)	go to school
jugar con mis amigos	play with my friends
respirar	breathe
salir a la calle	go out in the street
vivir con mi familia	live with my family
porque...	because...
soy un(a) chico/a	I am a boy/girl
mi padre es muy estricto	my father is very strict
tengo que ganar dinero	I have to earn money
tengo que trabajar	I have to work
el aire está contaminado	the air is polluted
en mi país a veces hay violencia	in my country sometimes there is violence
¡No es justo!	It isn't fair!
Es inaceptable.	It is unacceptable.

¿Cómo vas al insti? How do you get to school?

Voy a caballo.	I go on a horse.
Voy a pie.	I go on foot. / I walk.
Voy en autobús.	I go by bus.
Voy en barco.	I go by boat.
Voy en bici.	I go by bike.
Voy en coche.	I go by car.
Voy en metro.	I go by underground.
Voy en tren.	I go by train.
¿Por qué?	Why?
Porque es...	Because it is...
más rápido que ir a pie	quicker than walking
más verde que ir en autobús	greener than going by bus
más barato que ir en taxi	cheaper than going by taxi
más práctico que ir en coche	more practical than going by car
más seguro que nadar	safer than swimming
la única opción	the only option

Un mundo mejor   A better world

Para ser un instituto verde…	In order to be a green school…	**tenemos un jardín**	we have a garden
apagamos la luz	we switch off the light	**vamos en bici**	we go by bike
conservamos electricidad	we save electricity	**Para hacer un mundo mejor…**	In order to create a better world…
no malgastamos agua	we don't waste water	**vamos a escribir cartas para Amnistía Internacional**	we are going to write letters for Amnesty International
plantamos árboles y flores	we plant trees and flowers	**vamos a organizar un evento**	we are going to organise an event
reciclamos botellas de plástico	we recycle plastic bottles	**vamos a recaudar fondos**	we are going to raise funds
reciclamos papel y vidrio	we recycle paper and glass	**vamos a vender pasteles**	we are going to sell cakes
reducimos el consumo eléctrico	we reduce our consumption of electricity		

Palabras muy frecuentes   High-frequency words

mi/mis	my	**muy**	very
su/sus	his/her/their	**hay**	there is / there are
más… (que)	more… (than)	**ahora**	now
para	(in order) to, for	**ya**	already
para mí	for me	**en el futuro**	in the future
por ejemplo	for example	**el año pasado**	last year
por eso	so, therefore		

Estrategia 4

Traffic lights

When learning vocabulary, it is important to have a clear idea about what you know already. Apply 'traffic light' coding to the list of vocabulary from this module.

I do not know what this word means or how to spell it.

I know what this word means but I can't spell it or use it in a sentence.

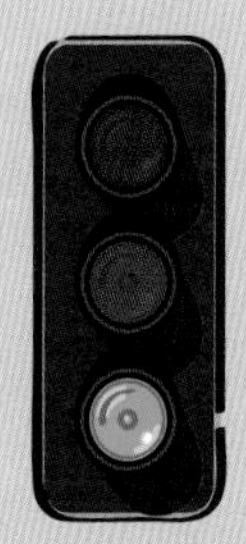

I know this word. I can spell it and use it in a sentence.

For the words in your 'red' list, do some independent learning. Combining seeing, listening and doing strategies makes memorising more effective. Try one or more of these strategies:

- Use your visual memory: close your eyes and try to picture the word in your head.
- Use your auditory ('hearing') memory: say the word out loud.
- Use your kinaesthetic ('doing') memory: write the word from memory.

¡PROYECTO! Las historias que contamos

- Understanding a Peruvian folk tale
- Writing a story for young children

Escucha y lee.

Ayaymama

Zona Cultura

South America has a very rich history of folklore and mythology. Animals often play a big part in these folk tales. Does the Peruvian story of *Ayaymama* make you think of any stories from your culture?

Los niños duermen en un árbol al lado de un pájaro. Poco a poco se transforman en pájaros. Cantan '¡Ayaymama!', una canción que significa: '¡Ay, ay, mamá! ¿Por qué nos dejaste?'

la madrastra	*stepmother*
la selva	*jungle*
¿Por qué nos dejaste?	*Why did you leave us?*

Busca las frases en español en la historia.

1 Their mother died.
2 My stepchildren are very difficult.
3 They have to go.
4 You have to abandon your children.
5 The boys sleep in a tree next to a bird.
6 Little by little they change into birds.

Trabaja en un grupo de cuatro personas. Da tu opinión sobre la historia de *Ayaymama*.

¿Qué opinas de *Ayaymama*?

- Me encanta…
- ¡Qué triste! / ¡Qué trágica! / ¡Fantástica! / ¡Maravillosa!
- Es como la historia de…

- No me gusta nada…
- ¡Ay! / ¡Qué horror! / ¡Qué tontería!

Empareja las frases con los dibujos. Luego, escucha la historia y comprueba tus respuestas.

Cenicienta

a ¿Puedo bailar contigo? / Sí, por supuesto.

b ¿Te gustaría ser una princesa? / ¡Sí, sí, por supuesto!

c Me llamo Cenicienta. Vivo con mi madrastra y mis hermanastras.

d Tengo que irme. / Pero... ¡tu zapato!

e Vamos al baile en el palacio con el príncipe. ¡Qué guay! / ¡Limpia los zapatos! ¡Prepara los vestidos!

f Estoy triste porque no puedo ir al baile.

g ¡Oh no! Es demasiado pequeño. / ¡Me queda bien!

h Sí puedes ir – ¡aquí tienes un vestido! Pero ¡cuidado! Tienes que volver antes de las doce. / ¡Gracias!

Trabaja en un grupo. Vas a escribir una historieta para niños sobre *Juan y las judías mágicas.*

Work in a group. You are going to write a short story for children about Jack and the Beanstalk.

- **Present** your story as a cartoon strip. Use 7–9 frames.
- **Use** mainly dialogue with a bit of narration. Look at how this works in the *Cinderella* story.
- **Look for** words or phrases in the *Ayaymama* and *Cinderella* stories that you could use to add dialogue.
- **Brainstorm** other words and phrases you could use. Look them up in a dictionary, if you need to.
- **Create** narration to link the dialogue, using the words below.

Where/When?	Who/What?	Doing what?
en el camino durante la noche en el castillo	Juan, una vaca cinco judías mágicas una planta, un hombre un castillo, un gigante el tesoro	se encuentra con cambia, crece, sube baja, corta, se despierta se cae, recibe

Una aventura en Madrid

Este anuncio se refiere a…

- **a** restaurantes en Madrid.
- **b** visitas en Madrid.
- **c** teatros en Madrid.

En Madrid aquí se puede…

- **a** comprar fruta.
- **b** coger el metro.
- **c** hacer deporte.

Lee el anuncio. ¿Verdadero o falso? Durante el Maratón de Madrid, se puede…

1 escuchar música. **2** correr. **3** obtener una camiseta.

La Puerta del Sol square in Madrid is considered by many to be the symbolic centre of both the city and the country. It is the 'kilómetro 0' for all roads in Spain!

Busca en el plano de Madrid…

1 el estadio Santiago Bernabéu.
2 la Gran Vía.
3 el Museo del Prado.
4 el parque del Retiro.

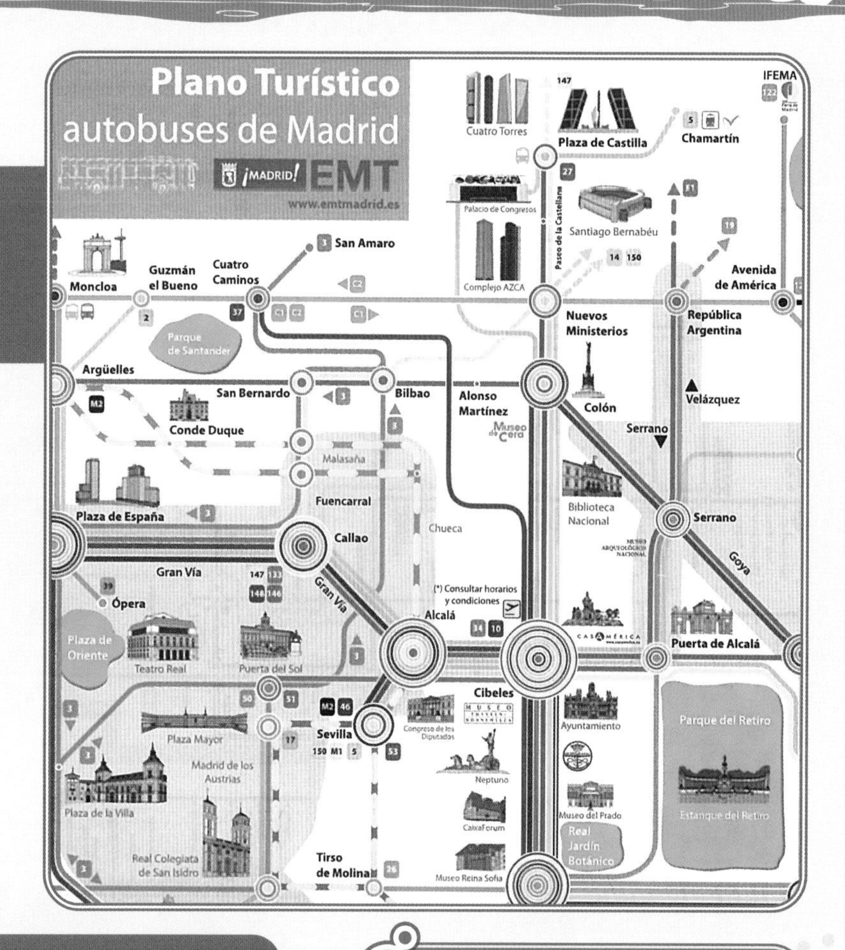

¿Cómo se llama este monumento de Madrid?

a la Estatua del Perro
b la Estatua de la Libertad
c la Estatua del Oso y el Madroño

The Statue of the Bear and the Stawberry Tree is a popular meeting point in the Puerta del Sol. These two features have formed part of Madrid's coat of arms for over 800 years.

¿Qué información **no** aparece en este folleto sobre el Zoo de Madrid?

ZOO AQUARIUM DE MADRID

Casa de Campo, s/n

902 34 50 14

CASA DE CAMPO

€ Precio adultos: 22,90 €
niños (3–7): 18,55 €

Lun–vier: 10:30–20:00 h
Sáb–dom: 10:30–20:30 h

a el número de teléfono
b el precio
c los horarios
d el nombre del restaurante

- Meeting and greeting people
- Using expressions with **tener**

1 Aisha visita a la familia de Serena. Escucha y lee.

por supuesto *of course*

2 Lee el diálogo otra vez y busca las frases en español.

1 Pleased to meet you.
2 Do you want to eat something?
3 Are you sleepy?
4 I am thirsty.
5 I want to go to bed.
6 This is my brother.
7 I am not hungry.
8 Do you want to watch TV?

Tengo… ¿Tienes…?	hambre sed sueño
Quiero… ¿Quieres…?	beber / comer algo hablar por Skype™ ir a la cama mandar un SMS ver la tele

Gramática

The verb **tener** means 'to have'. However, it is translated as 'to be' in the following expressions:

tener hambre	to be hungry
tener sed	to be thirsty
tener sueño	to be sleepy
¿Tienes hambre?	Are you hungry?
No, pero tengo sed.	No, but I'm thirsty.

Con tu compañero/a, haz el diálogo.

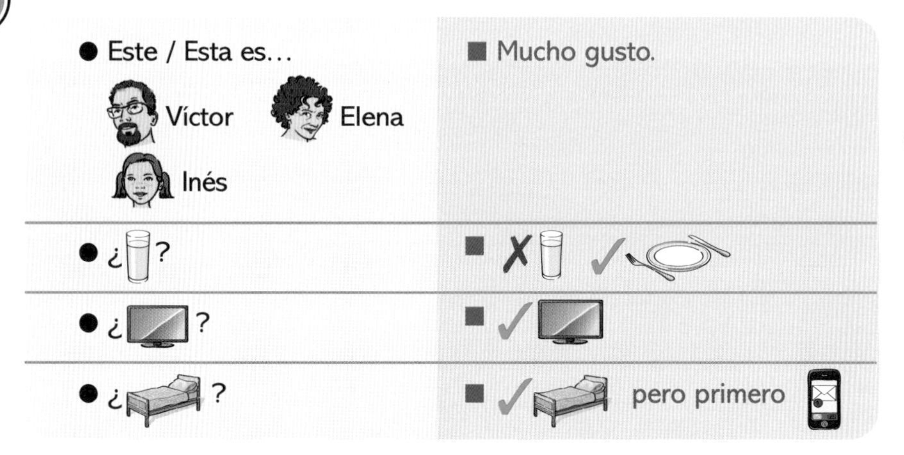

To introduce someone you use:
Este es…
This is… (masculine)
Esta es…
This is… (feminine)

Cameron visita a la familia de Sergio. Escucha y elige la respuesta correcta.

1 La madre se llama María / Marisol / Mónica.
2 Cameron quiere beber cola / agua / limonada.
3 La madre ofrece calamares / paella / un bocadillo.
4 Cameron no tiene sed / hambre / sueño.
5 Primero Cameron quiere hablar por Skype / ver la tele / ir a la cama.

Sophie está en Madrid de intercambio. Lee su blog. ¿Verdadero o falso? Escribe V o F.
Sophie is on an exchange visit to Madrid. Read her blog. True or false? Write V or F.

Mi primer día en Madrid
Me encanta Madrid – ¡quiero vivir aquí! Tengo sueño después del viaje, pero no quiero ir a la cama porque quiero hablar por Skype con mis padres más tarde. Primero quiero comer algo – ¡tengo mucha hambre! Almudena (mi compañera española) es muy simpática. Aquí tienes una foto de su familia: este es su padre, Diego, y esta es su madre, Begoña. No tiene hermanos, pero tiene un perro que se llama Doki.

1 Sophie quiere vivir en Madrid.
2 Sophie quiere mandar un SMS a sus padres.
3 Sophie tiene sed.
4 El padre de Almudena se llama Diego.
5 Almudena tiene dos hermanos.
6 Almudena no tiene animales.

En un grupo de cuatro personas, escribe un sketch cómico con un(a) invitado/a muy difícil.
In a group of four, make up a comic sketch with a very difficult guest.

- Introduce everyone. **(Este / Esta es mi…)**
- Say 'pleased to meet you'. **(Mucho gusto.)**
- Ask if he/she is hungry, tired, thirsty. **(¿Tienes…? Sí, tengo…)**
- Ask if he/she wants to eat or drink something, go to bed, watch TV, etc. **(¿Quieres…? No, no quiero…)**

Roles:

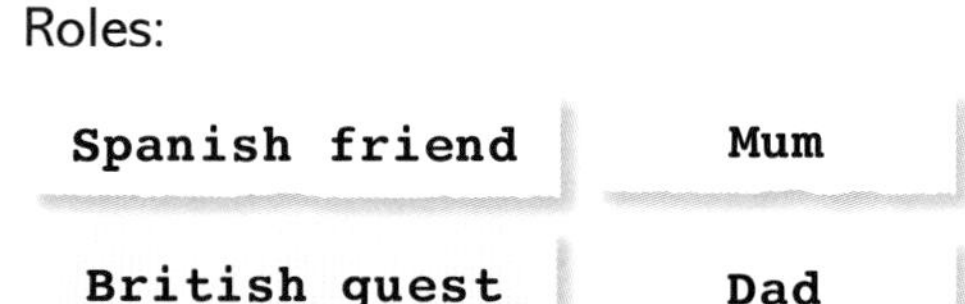

Trabaja en tu grupo. ¡Haz tu sketch!

La caza del tesoro

- Talking about a treasure hunt
- Using the superlative

Cameron y Sergio van a hacer una caza del tesoro en Madrid. Empareja el lugar con la actividad.

Cameron and Sergio are going to do a treasure hunt in Madrid. Match the place with the activity.

¿Adónde hay que ir?

1 Hay que ir a la Chocolatería San Ginés.

2 Hay que ir al parque del Retiro.

3 Hay que visitar el Museo Reina Sofía.

4 Hay que ir al estadio Santiago Bernabéu.

5 Hay que coger el teleférico.

hay que	*you/we have to*
el cuadro	*painting*
el teleférico	*cable car*
del mundo	*in the world*

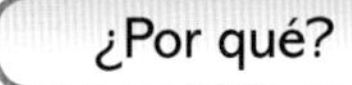

Porque…

a … hay que comprar una postal del cuadro más famoso de España.

b … hay que dibujar el león más feroz del parque.

c … hay que sacar fotos de los monumentos más interesantes de Madrid.

d … hay que ver el campo de fútbol más famoso de Madrid.

e … hay que comer los churros más ricos del mundo.

Escucha y comprueba tus respuestas.

Gramática

Remember, you use the **superlative** to say 'the (old)-est', 'the most (famous)', etc.

el/la/los/las + noun + **más** + adjective

The adjective always goes after the noun and must agree with it.

singular		plural	
masculine	**feminine**	**masculine**	**feminine**
el parque más famoso	la tienda más famosa	los parques más famosos	las tiendas más famosas

>> p120

Busca las frases en español en el texto del ejercicio 1.

1 the most famous football pitch
2 the most interesting monuments
3 (of) the most famous painting
4 the most ferocious lion
5 the tastiest churros

Escribe las frases correctamente. Luego traduce las frases al inglés.

1 interesante mundo más El del cuadro
2 monumentos Los de más Madrid antiguos
3 grandes parque del más animales Los
4 de teleférico famoso España El más
5 más Madrid La popular tienda de

Escucha. Apunta (a) el lugar y (b) la actividad en el orden correcto.

Listen. Note down (a) the place and (b) the activity in the correct order.

Ejemplo: **a** San Miguel market – **b** ...

Con tu compañero/a, haz un diálogo.

- Primero hay que ir al museo.
- ¿Por qué?
- Porque hay que dibujar el cuadro más antiguo de Madrid. Luego…

primero	museo	antiguo
luego	parque	interesante
finalmente	teleférico	famosos

¿Qué vamos a hacer hoy? Lee los anuncios y contesta a las preguntas en inglés.

probar	*to try*
el mamífero	*mammal*

¿Te interesa el mundo animal? Hay que visitar el Zoo Aquarium de Madrid, con más de 6000 animales, desde el insecto más pequeño hasta el mamífero más grande. También hay que sacar una foto del pequeño Buba, el elefante asiático más popular del zoo.

1 What can you try at Restaurante Botín?
2 Why is Restaurante Botín famous?
3 What do you think **la especialidad de la casa** means?
4 What does the advert say about the range of animals at the zoo?
5 Who is Buba?

Imagina que haces una caza del tesoro en Madrid. ¿Qué hay que hacer?

Ejemplo:

Primero hay que ir a la Gran Vía porque hay que visitar las tiendas más...

Mi día favorito

- Describing a day trip
- Using the preterite of irregular verbs

Escucha y lee. Cameron describe su visita al zoo con Sergio. Pon las fotos en el orden correcto.

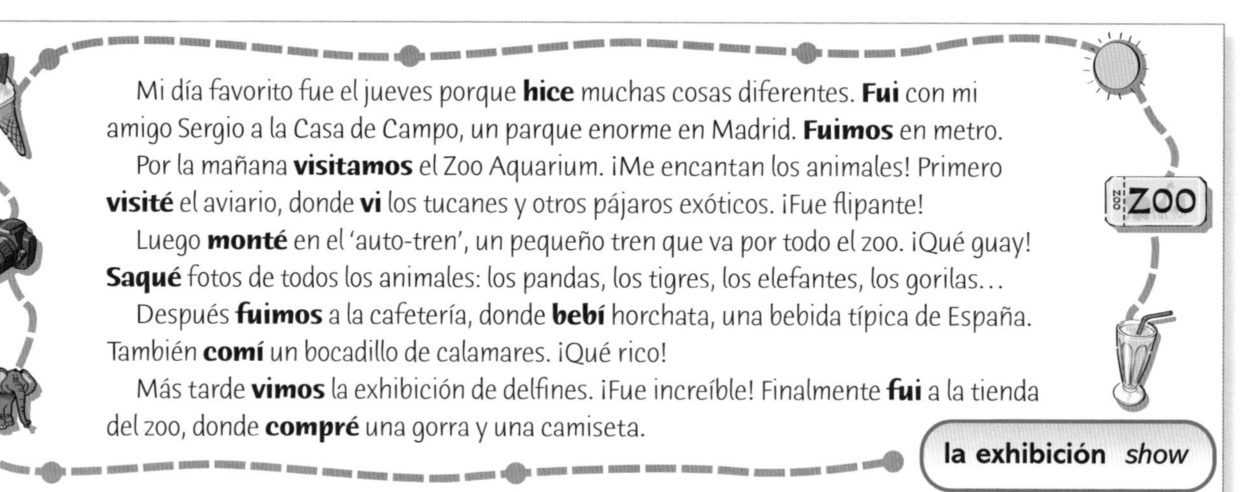

Mi día favorito fue el jueves porque **hice** muchas cosas diferentes. **Fui** con mi amigo Sergio a la Casa de Campo, un parque enorme en Madrid. **Fuimos** en metro.

Por la mañana **visitamos** el Zoo Aquarium. ¡Me encantan los animales! Primero **visité** el aviario, donde **vi** los tucanes y otros pájaros exóticos. ¡Fue flipante!

Luego **monté** en el 'auto-tren', un pequeño tren que va por todo el zoo. ¡Qué guay! **Saqué** fotos de todos los animales: los pandas, los tigres, los elefantes, los gorilas…

Después **fuimos** a la cafetería, donde **bebí** horchata, una bebida típica de España. También **comí** un bocadillo de calamares. ¡Qué rico!

Más tarde **vimos** la exhibición de delfines. ¡Fue increíble! Finalmente **fui** a la tienda del zoo, donde **compré** una gorra y una camiseta.

la exhibición *show*

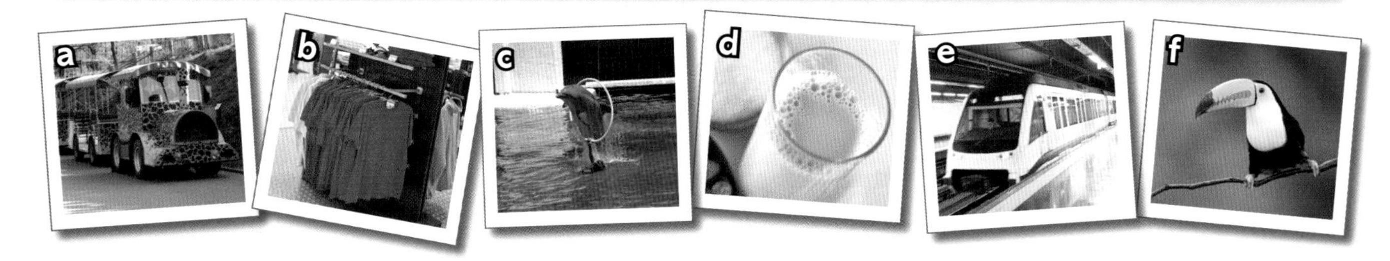

Busca los verbos en español en el texto del ejercicio 1.

1. I saw
2. we saw
3. I went
4. we went
5. I visited
6. we visited
7. I bought
8. I drank
9. I rode / I went on
10. I did
11. I took
12. I ate

Gramática

You use the **preterite** to talk about completed events in the past. You have already seen how to use regular verbs in the preterite (on page 34), but **irregular verbs** do not follow the usual patterns.

ir	(to go)	**fui**	(I went)	**fuimos**	(we went)
hacer	(to do / make)	**hice**	(I did / made)	**hicimos**	(we did / made)
ver	(to see / watch)	**vi**	(I saw / watched)	**vimos**	(we saw / watched)

In the preterite, some verbs have a spelling change in the 'I' form only.

sacar → saqué (but **sacamos**)   **jugar → jugué** (but **jugamos**)

>> p121

Con tu compañero/a, describe tu día en el zoo. Añade una actividad cada vez.

- ¿Qué hiciste en el zoo?
- Vi los tigres. ¿Y tú?
- Vi los tigres y saqué fotos. ¿Y tú?

Horchata (a cold, milk-like drink made with tiger nuts) and **bocadillos de calamares** (fried squid-ring sandwiches) are very popular in Madrid. Another regional speciality is **cocido madrileño**, a stew made with meat, chickpeas and vegetables.

Lee el texto y completa con los verbos del recuadro.

¡Qué miedo! *How scary!*

Por la tarde **1** ___ al parque de atracciones. Primero **2** ___ en Tarántula con Sergio y también en Abismo, la montaña rusa más emocionante del parque. ¡Qué miedo! Luego Sergio y yo **3** ___ en Los Rápidos. ¡Qué divertido! Un poco más tarde fuimos al cine 4D, donde **4** ___ una película fantástica. También fuimos a la cafetería, donde **5** ___ helados. El día fue increíble y **6** ___ muchas fotos.

saqué montamos monté vimos comimos fuimos

Tarántula

Escucha y escribe las letras correctas. (1–3)

Ejemplo: **1** b, …

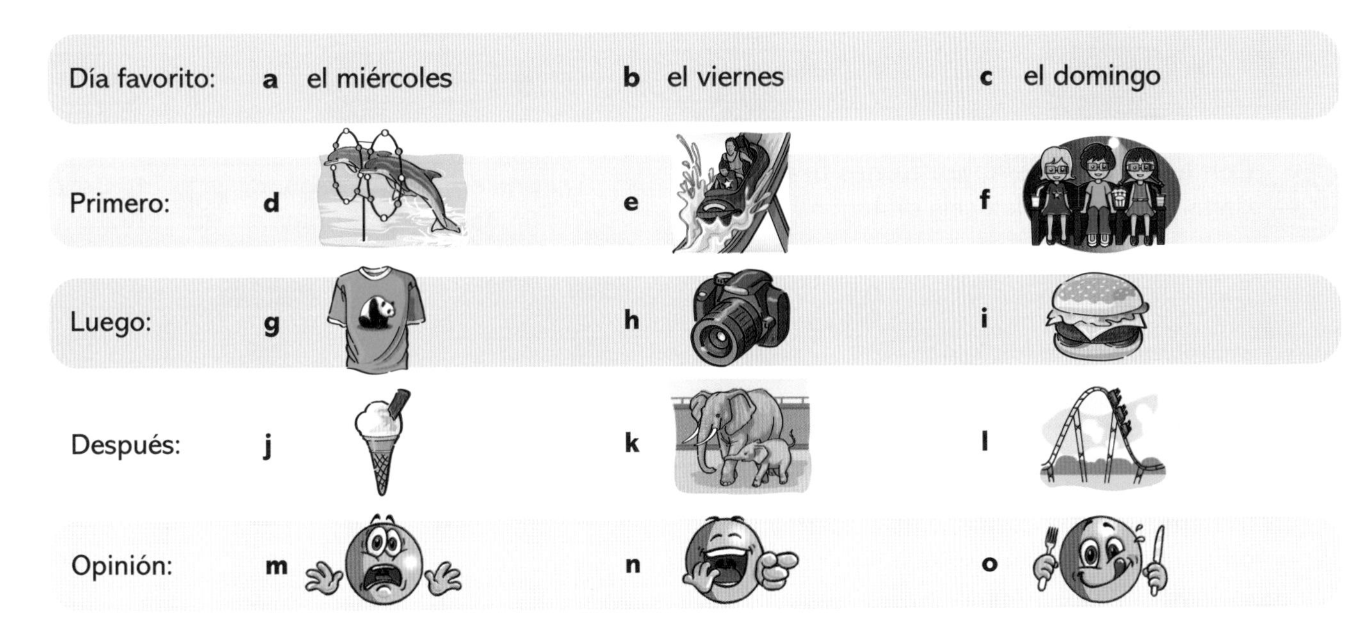

Con tu compañero/a, describe tu día favorito. Utiliza los dibujos del ejercicio 5.

- Mi día favorito fue el…
  Primero… Luego… Después…

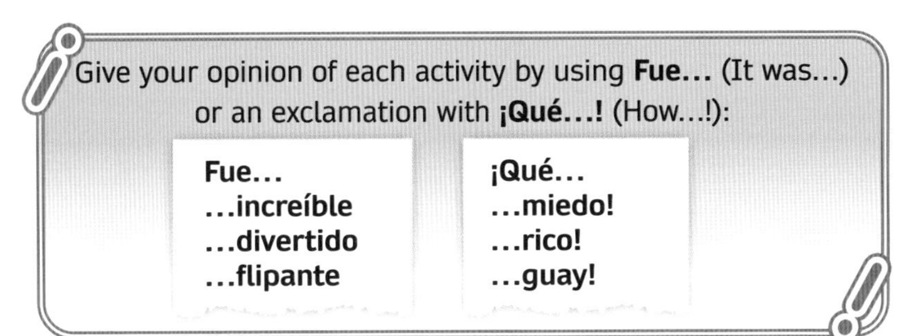

Describe tu día favorito en Madrid.

Write about:
- which was your favourite day **(Mi día favorito fue el…)**
- where you went in the morning / afternoon **(Por la mañana / tarde…)**.

Use:
- sequencers **(Primero… Más tarde…)**
- some verbs in the 'I' form and others in the 'we' form **(monté…, vimos…)**
- opinion phrases and exclamations **(Fue… ¡Qué… !)**.

En la tienda de recuerdos

- Discussing buying souvenirs
- Using **tú** and **usted**

1 **Escucha. Copia y completa la tabla en inglés. (1–4)**

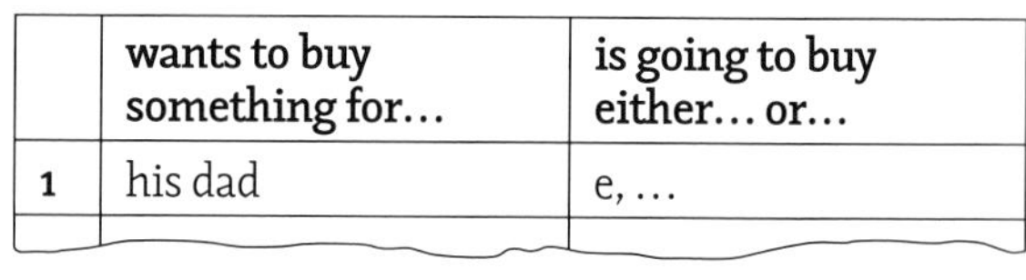

	wants to buy something for…	is going to buy either… or…
1	his dad	e, …

¿Qué vas a comprar?

a un imán

b un llavero

c un collar

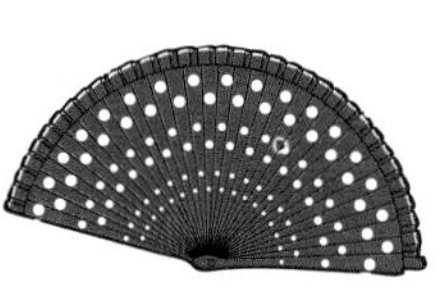

d un abanico

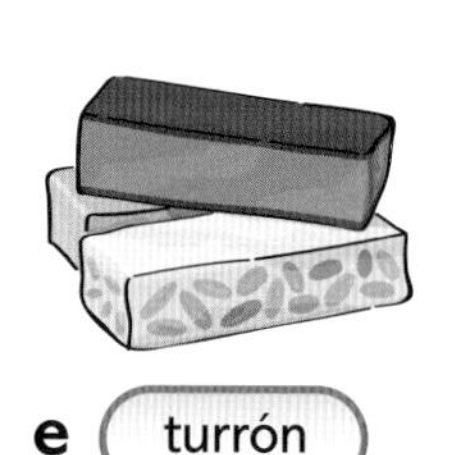

e turrón

f una camiseta

g una figurita

h una taza

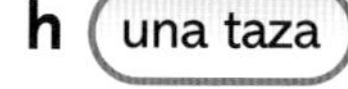

2 **Con tu compañero/a, por turnos tira el dado <u>tres</u> veces. Haz <u>seis</u> diálogos.**

- ● ¿Qué vas a comprar?
- ■ Quiero comprar algo para mi ⚃ <u>abuela</u>. Creo que voy a comprar ⚀ <u>un abanico</u> o ⚂ <u>una figurita</u>.

	primera tirada	segunda tirada	tercera tirada
⚀	madre	(abanico)	(turrón)
⚁	padre	(taza)	(llavero)
⚂	abuelo	(imán)	(figurita)
⚃	abuela	(collar)	(camiseta)
⚄	hermano	(abanico)	(turrón)
⚅	hermana	(taza)	(llavero)

3 **¡Rompecabezas! Lee el texto y apunta la opinión de Alicia sobre cada recuerdo. Luego adivina lo que va a comprar.**

Brain teaser! Read the text and note down Alicia's opinion of each souvenir. Then guess what she is going to buy.

Ejemplo: key ring – too expensive

Quiero comprar algo para mi hermana. Me gusta el llavero, pero es demasiado caro. No me gusta el imán porque no es útil. La camiseta es bonita, pero es demasiado grande. La figurita no es práctica. El abanico es barato, pero prefiero la taza y no es cara. No me gusta nada el collar porque es muy feo. Por eso creo que voy a comprar…

demasiado *too*

barato/a	cheap
caro/a	expensive
feo/a	ugly
bonito/a	nice, pretty
precioso/a	lovely
útil	useful

4 **Escucha y comprueba tu respuesta.**

Escribe un rompecabezas para tu compañero/a.

Write a brain teaser for your partner.

Remember to use the correct word for 'a' or 'the', and to make adjectives agree.
un imán → el imán es precioso
una taza → la taza es preciosa

Quiero comprar algo para mi… Me gusta el/la… pero prefiero el/la…
El/La… es muy… pero es… El/La… es demasiado… Por eso voy a comprar…

Paula quiere comprar recuerdos. Escucha y completa la canción con las palabras del recuadro. Luego ¡canta!

¡Buenos días, señorita! ¿Cómo está usted?
¿Qué quiere, señorita? ¿Qué quiere usted?
Quiero algo para mi hermano. ¿Qué voy a comprar?
La camiseta es **1** ——. ¿O tal vez el turrón?
La figurita es **2** ——, pero el llavero es muy **3** ——.
El turrón, ¿cuánto es, señor?
Son cinco euros.
4 ——. Voy a comprar el turrón…

¡Aquí tiene, señorita! ¡Aquí tiene usted!
¿Algo más, señorita? ¿Algo más para usted?
Quiero algo para mi madre. ¿Qué voy a comprar?
El abanico es muy **5** ——. ¿O tal vez el collar?
Me gusta la taza porque no es **6** ——, pero prefiero el imán.
El imán, ¿cuánto es, señor?
Son cuatro euros.
¡Ay! ¡Qué **7** ——! ¡No tengo bastante dinero!

perfecto
tonta
bonita
barata
típico
útil
cara

tal vez *maybe, perhaps*

Gramática

When you are speaking to someone you know, use the **tú** form of the verb – the familiar singular way of saying 'you'.

¿Quieres ver la tele? Do you want to watch TV?

However, in shops people may use **usted** (the 'he/she' form of the verb) – the formal singular way of saying 'you'.

¿Señora, qué quiere usted? Madam, what do you want?

>> p120

Lee la canción otra vez. ¿Qué significan las frases subrayadas?

Read the song again. What do the underlined phrases mean?

Con tu compañero/a, inventa tres diálogos en una tienda de recuerdos.

- ¡Buenos días! ¿Qué quiere usted?
- Quiero comprar algo para…
- ¿Una camiseta o tal vez un imán?
- Me gusta la camiseta pero prefiero el imán porque es… ¿Cuánto es?
- Son… euros.
- Perfecto, gracias. / Es demasiado caro. No, gracias.

Mi último día en Madrid

- Discussing the final day of a visit
- Using three tenses

Escucha y escribe las dos letras correctas para cada persona. (1–6)

Ejemplo: **1** c, …

¿Qué vas a hacer mañana?

Si…

a  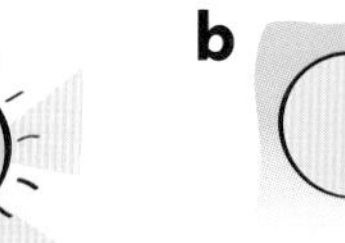
hace sol

b 
hace buen tiempo

c 
hace viento

d 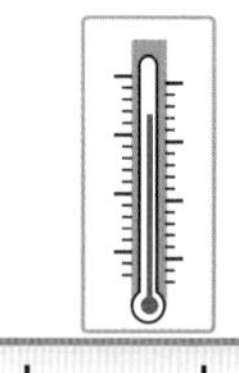
hace calor

e 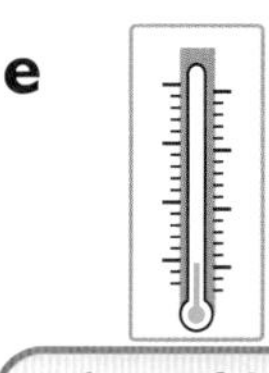
hace frío

f 
llueve

voy a…

g 
ver un partido en el estadio Santiago Bernabéu

h 
visitar el Museo del Prado

i 
ir de compras al Rastro

j 
sacar fotos del Palacio Real

k 
tomar el sol en el Retiro

l 
probar un cocido madrileño

Con tu compañero/a, haz dos diálogos.

- ¿Qué vas a hacer mañana?
- Si hace frío, voy a visitar el Museo del Prado.

- ¿Y si llueve?
- …

Lee los textos. Recomienda una actividad del ejercicio 1 para cada persona. Escribe la letra correcta.

sobre todo *above all, especially*

Me encanta el arte, sobre todo los cuadros antiguos. Ayer visité el Museo Reina Sofía y me gustó mucho. Mañana es mi último día en Madrid. ¿Qué más me recomiendas? **Jenny**

Quiero comprar recuerdos para mi familia. El jueves fui a un centro comercial enorme con muchas tiendas diferentes, pero no compré nada – todo es muy caro. **Rachel**

Mi pasión es el deporte, sobre todo el fútbol, y juego todos los días después del insti. Ayer fui al Retiro, donde jugué al tenis. Fue divertido ¡pero prefiero el fútbol! **Zainab**

A mí me encantan los monumentos históricos. Siempre saco muchas fotos, y el martes visité el Templo de Debod. ¡Fue flipante! ¿Qué otros monumentos me recomiendas? **Paula**

Escucha y lee el texto. ¿Es Jenny, Rachel, Zainab o Paula?

Gracias por tu recomendación. Ayer visité el Rastro y fue guay. Compré un abanico bonito para mi abuela y después fui a un restaurante tradicional, donde comí un cocido madrileño. Luego por la tarde tomé el sol.

El Rastro es el mercado más grande de Madrid. Me encanta ir de compras y en Inglaterra los domingos normalmente voy al centro comercial con mis amigos, donde compro música y DVD. Luego juego al tenis en el parque.

Mañana, si hace buen tiempo, voy a ir a la Plaza Mayor, donde voy a comprar un llavero en una tienda de recuerdos. Sin embargo, si llueve, voy a visitar la Catedral de la Almudena, donde voy a sacar fotos.

Lee el texto del ejercicio 4 otra vez. Apunta los datos en inglés.

- *What she did yesterday: went to Rastro, bought a…*
- *What she usually does on Sundays:…*
- *Plans for tomorrow:…*

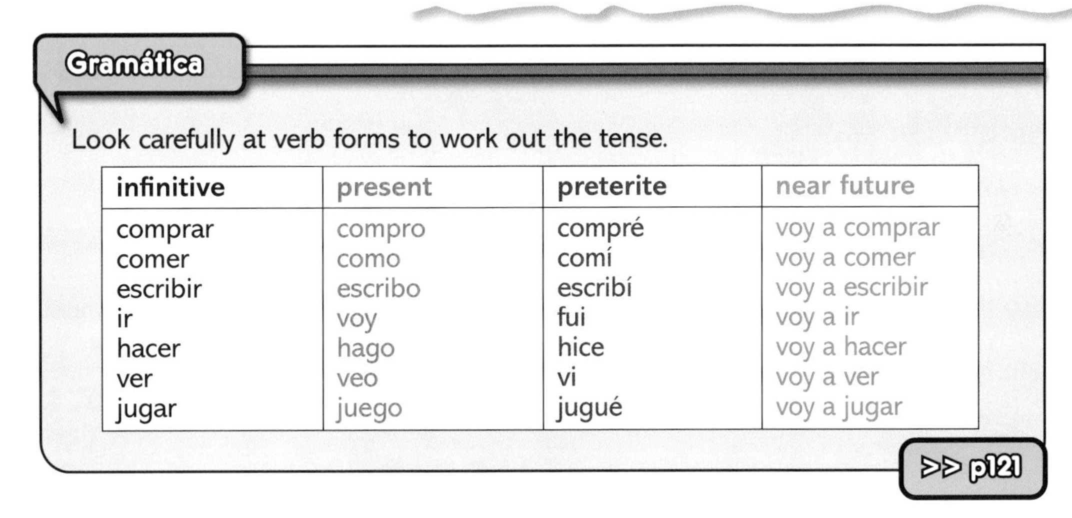

Gramática

Look carefully at verb forms to work out the tense.

infinitive	present	preterite	near future
comprar	compro	compré	voy a comprar
comer	como	comí	voy a comer
escribir	escribo	escribí	voy a escribir
ir	voy	fui	voy a ir
hacer	hago	hice	voy a hacer
ver	veo	vi	voy a ver
jugar	juego	jugué	voy a jugar

>> p121

Con tu compañero/a, prepara y practica las presentaciones. Luego inventa tu propia presentación.

- Ayer fui al… donde tomé… Fue flipante.
  Normalmente los sábados juego… y…
  Mañana, si…, voy a visitar…

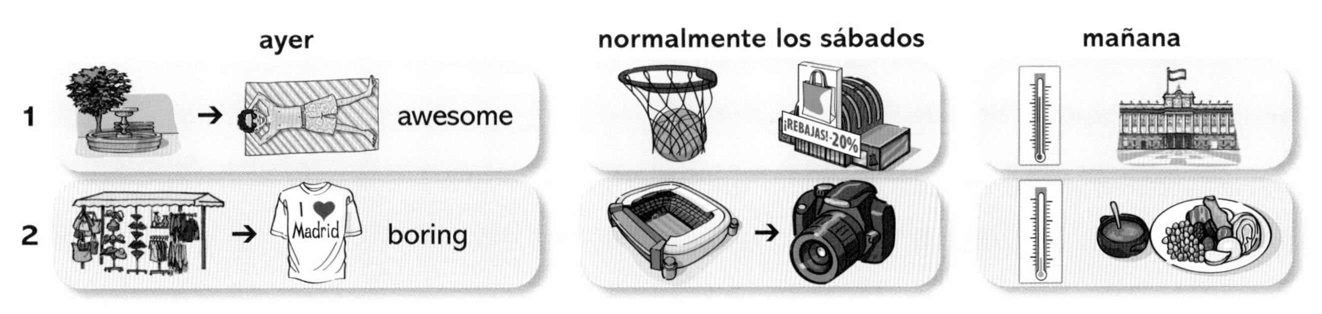

Traduce las frases al español.

Use **donde** ('where') and **si** ('if').

Use the correct form of the present / preterite / near future tense.

1. Yesterday I visited the stadium.
2. Then I went to the shop where I bought a cup.
3. Normally on Saturdays I go to the cinema.
4. Tomorrow I am going to visit the Prado Museum.
5. If it's good weather I am going to take photos.

'To the' = **al** + masculine noun / **a la** + feminine noun.

Lo siento, no entiendo

- Making yourself understood
- Saying the right thing in different situations

SPEAKING SKILLS

SKILLS

'Survival' strategies

You need to have a range of strategies to help you communicate in Spanish. Make sure you know the Spanish for things like 'I don't understand' and 'Can you repeat?', as well as how to cope when you don't know the right word. It is also important to know what to say in different social situations (for example, at mealtimes or when someone is ill).

1 **Escucha y lee. ¿Qué significan las frases en verde? Utiliza el minidiccionario si es necesario. (1–6)**

1

¡Adiós! ¡Hasta pronto!

¡Buen viaje!

2

Y Rafa Nadal es el campeón. ¡Fenomenal!

¡Enhorabuena!

3

¡Aaaaaachís!

¡Jesús!

4

¡Aaaay! Estoy enfermo.

¡Mejórate pronto!

5

¡Qué bien! Tengo hambre.

¡Que aproveche!

6

Un aplauso para la primera cantante.

2 **Juego de memoria. Con tu compañero/a, lee por turnos una frase en negro del ejercicio 1. Sin mirar, ¿qué vas a contestar?**

Memory game. With your partner, take it in turns to read a phrase in black from exercise 1. Without looking, what are you going to reply?

3 **Empareja las frases en inglés con el equivalente en español.**

1. I'm sorry, I don't understand the word '…'.
2. How do you say '…' in Spanish?
3. Can you repeat?
4. Can you speak more slowly please?

a. ¿Cómo se dice '…' en español?
b. Lo siento, no entiendo la palabra '…'.
c. ¿Puedes hablar más despacio, por favor?
d. ¿Puedes repetir?

4 **Con tu compañero/a, lee por turnos las frases en español del ejercicio 3 en voz alta.**

5 **Escucha y comprueba tu pronunciación y entonación. (1–4)**

Pronunciación

Use your knowledge of phonics to work out pronunciation. Make sure you are using the correct intonation to make questions sound like questions.

Estás en casa de Serena. Escucha la conversación. ¿Qué vas a decir en las pausas? Utiliza expresiones del ejercicio 3. (1–3)

You are in Serena's home. Listen to the conversation. What are you going to say in the pauses? Use expressions from exercise 3.

Con tu compañero/a, imagina que eres la persona del dibujo. ¿Qué vas a hacer? ¿Qué vas a decir? Por turnos, lee las frases y responde.

With your partner imagine that you are the person in the picture. What are you going to do? What are you going to say? Take turns to read the sentences and respond.

1

● Buenos días. ¿Qué quiere usted?

■

● Muy bien.

2

● ¿Necesitas algo?

■

● Sí, ¡aquí tienes uno!

3

● ¿Qué tal estás? ¿Tienes un problema?

■

● Está bien, te voy a ayudar.

4

● ¿Qué tal estás?

■

● Ah sí, ahora entiendo.

Estás en una tienda de recuerdos. Con tu compañero/a, utiliza las estrategias de esta unidad para reaccionar a las situaciones diferentes.

You are in a souvenir shop. With your partner, use the strategies from this unit to react to the different situations.

Ejemplo: **1**

■ Buenos días, señor.

● ¡Aaaaaachís!

■ ...

De paseo por Madrid

- Reading authentic texts about Madrid
- Using strategies to access harder texts

1 LEER **Lee el texto. Pon la traducción del texto en el orden correcto.**

Ejemplo: b, …

De compras por el Rastro de Madrid

En la capital hay muchas cosas que ver, visitar y descubrir. El Rastro de Madrid es un mercado al aire libre en el casco histórico que se organiza todos los domingos por la mañana y los días festivos. Consiste en una multitud de puestos de ocasión, donde se puede encontrar de todo: camisetas, bolsos, libros, discos, aparatos electrónicos, zapatos…

- **a** … T-shirts, handbags, books, records, electrical appliances, shoes…
- **b** In the capital there are many things to see, visit and discover.
- **c** … which is organised every Sunday morning and on public holidays.
- **d** It consists of a huge number of second-hand stalls where you can find everything:…
- **e** The Rastro de Madrid is an outdoor market in the historic city centre…

2 LEER **Lee el foro sobre el estadio Santiago Bernabéu y contesta a las preguntas.**

¿Recomiendas el estadio Santiago Bernabéu?

Iker

No soy fanático del Real Madrid, pero mi visita al Santiago Bernabéu fue flipante. El museo tiene mucha información sobre los jugadores famosos: Beckham, Zidane, Ronaldo… Mi parte favorita fue entrar al campo de fútbol – ¡donde saqué un millón de fotos! Te recomiendo visitar por la mañana cuando no hay muchos turistas.

Óscar

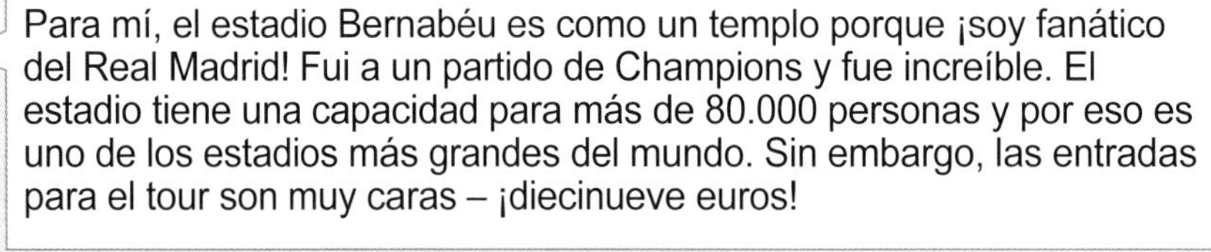

Para mí, el estadio Bernabéu es como un templo porque ¡soy fanático del Real Madrid! Fui a un partido de Champions y fue increíble. El estadio tiene una capacidad para más de 80.000 personas y por eso es uno de los estadios más grandes del mundo. Sin embargo, las entradas para el tour son muy caras – ¡diecinueve euros!

María

Si te gusta el fútbol, hay que visitar el Bernabéu. Primero visité el museo con todos los trofeos y copas. Luego vi el túnel por donde entran los jugadores. Y después, la parte más emocionante: el vestuario del primer equipo (con un jacuzzi enorme donde los futbolistas relajan sus músculos). Al final del tour fui a la tienda oficial, donde compré recuerdos.

Who…

1. was impressed by the first-team changing rooms?
2. says the tickets are expensive?
3. talks about the size of the stadium?
4. recommends visiting the stadium in the morning?
5. bought souvenirs?
6. took lots of photos?
7. is a big fan of Real Madrid?
8. watched a match?

SKILLS

Selecting essential vocabulary

Don't stop to look up every word you don't know in a dictionary. Ask yourself: do I need to know what this word means to answer the question? If you do, look it up. If not, move on.

SKILLS

Understanding texts – step by step

Always start by reading for gist, not detail. Skim through the text using clues such as cognates, pictures and the questions to get a general idea of what it is about. Then re-read the text for detail. Try to work out the meaning from context and by using logic.

Lee el texto. ¿Verdadero o falso? Escribe V o F. (¡Cuidado! ¡Tienes que leer toda la página web!)

Read the text. True or false? Write V or F. (Careful! You need to read the whole webpage!)

ZOO AQUARIUM MADRID

Interacción con reptiles

¿Te apasionan los animales? ¿Sientes fascinación por los reptiles? Ahora tienes la oportunidad de participar en una interacción con los reptiles, anfibios e insectos.

Una experiencia única donde puedes observar cómo comen los caimanes, serpientes, camaleones y tortugas. La actividad tiene una duración aproximada de una hora.

La última parte de la interacción consiste en una clase práctica donde puedes tocar una tarántula, una serpiente y un camaleón con tus propias manos.

Horarios
sábados, domingos y festivos a las 16.00h

Precio 6€

Duración 60 minutos

¿Sabías...

... que el color del cuerpo del camaleón está asociado a su estado de ánimo?

1. Puedes hacer esta actividad todos los días.
2. Esta actividad es ideal para los fanáticos de los reptiles.
3. Puedes descubrir más sobre la comida de los reptiles.
4. Esta actividad dura dos horas.
5. Al final de la actividad tienes la oportunidad de tocar los reptiles.
6. El color del cuerpo de los camaleones depende de su temperatura.

tocar	*to touch*
el estado de ánimo	*mood*

Lee el texto. Luego pon los títulos en el orden del texto.

Ejemplo: e, …

El **Palacio Real de Madrid** es la residencia oficial de la familia real española, pero hoy es utilizado exclusivamente para recepciones, ceremonias y actos oficiales.

La construcción del Palacio Real comenzó en 1738 y duró diecisiete años.

El Palacio está situado al lado de los jardines del Campo del Moro y los jardines de Sabatini.

El cambio de guardia del Palacio Real de Madrid se celebra todos los miércoles desde octubre hasta julio a las once de la mañana (excepto cuando hay actos oficiales o condiciones meteorológicas adversas).

El Palacio Real ofrece visitas libres y guiadas durante todo el año. La visita típica incluye la entrada a:

- **Salones Oficiales:** Grandiosos, bien conservados y con mucho estilo.
- **Armería Real:** Una de las colecciones más importantes del mundo.
- **Farmacia Real:** Cientos de botes de diferentes formas.

Adultos: 10€ (visita guiada 14€)
Estudiantes, carné joven, mayores de 65 y menores de 16 años: 5€

Metro: Estación Ópera (líneas 2 y 5)
Autobuses: 3, 25, 39 y 148

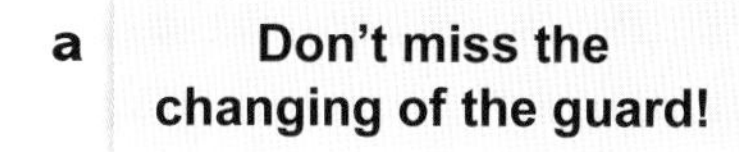

- **a** Don't miss the changing of the guard!
- **b** Three highlights of a typical visit
- **c** How to get here
- **d** Almost 300 years of history
- **e** Official residence of the Spanish royal family
- **f** Set within beautiful gardens

Lee el texto del ejercicio 4 otra vez. Contesta a las preguntas en inglés.

1. What is the Palacio Real used for today?
2. How long did it take to build the palace?
3. When can you watch the changing of the guard?
4. What is special about the Royal Armoury?
5. What costs 14 euros?
6. Who can visit the palace for a reduced price? (Name two groups.)

- meet and greet people — **Esta es mi madre. / Mucho gusto.**
- say what I want to do — **Quiero beber algo.**
- use expressions with **tener** — **Tengo hambre. ¿Tienes sed?**

- talk about a treasure hunt — **Vamos a hacer una caza del tesoro.**
- say what I/you/we have to do — **Hay que ir a la Chocolatería San Ginés.**
- use the superlative — **el parque más grande de la ciudad, la tienda más famosa de Madrid**

- say which was my favourite day of the visit — **Mi día favorito fue el martes.**
- describe a day trip — **Por la mañana fui al parque de atracciones.**
- give my opinion of the things I did — **¡Fue flipante! ¡Qué divertido!**
- use the preterite of irregular verbs — **Hicimos muchas cosas. Vi los elefantes.**

- say who I want to buy a souvenir for — **Quiero comprar algo para mi madre.**
- discuss what I am going to buy — **Voy a comprar un imán o tal vez un collar.**
- use shopping language — **¿Cuánto es? Es demasiado caro.**
- use **tú** and **usted** correctly — **¿Qué quieres? ¿Qué quiere usted?**

- say what I am going to do depending on the weather — **Si llueve, voy a comprar recuerdos.**
- refer to the past, present and future — **Ayer fui al Rastro. Normalmente voy al centro comercial. Mañana voy a ir al estadio Santiago Bernabéu.**

- **S** say the right thing in different social situations
- **S** cope when speaking by:
  - asking someone to repeat, explain, etc.
  - using non-verbal ways to get my meaning across (mime, pointing, etc.)

- **S** access harder texts by:
  - skimming a text first before re-reading it for detail
  - not stopping to look up every word I do not know
  - looking up only the words I need to understand to do the task

1 **Write down in Spanish at least five souvenirs you could buy in Madrid. Check your answers using the *Palabras* on page 123.**

2 **Link the phrases using *porque* to make three logical sentences.**

Quiero beber algo...	Quiero ir a la cama...	Quiero comer un bocadillo...
tengo hambre.	tengo sueño.	tengo sed.

3 **In pairs. Take turns at recommending things you have to do in Madrid. Your partner completes the sentence, e.g. *Hay que comer... churros.***

4 **Translate the adjectives into English.**

famoso   barato   feo   rico   bonito   antiguo

5 **Complete the superlative phrases using an appropriate adjective from exercise 4. Remember to make each adjective ending agree with the noun.**

1 la catedral más ____ de España
2 los churros más ____ del mundo
3 el cuadro más ____ del museo
4 las tiendas más ____ de Madrid

6 **In pairs. Put the sentences of the dialogue into the correct order. Read aloud, then change the underlined words to improvise a new conversation.**

● Son ocho euros.
■ Perfecto, gracias.
● ¿Un collar o tal vez un imán?
■ Quiero algo para mi madre.
● ¡Buenos días! ¿Qué quiere usted?
■ Me gusta el collar pero prefiero el imán. ¿Cuánto es?

¡Go!

7 **Match the verbs with the correct translation.**

I went   I go   I'm going to go   I ate   I eat

voy   como   fui   voy a ir   comí

8 **Translate the message into English.**

Ayer visité el Retiro, el parque más popular de Madrid. Luego fui al zoo donde comí un bocadillo de calamares. ¡Qué rico! Mañana voy a visitar el estadio. Sin embargo, si hace frío, voy a comprar recuerdos. **Enrique**

9 **Write your own text using Enrique's text as a model. Use the highlighted phrases to help you.**

¡ADELANTE!

¿Por qué visitar Madrid? Escucha y escribe las letras correctas. (1–3)

Which two features does each person recommend?

a	museums	e	shopping facilities
b	food	f	activities for children
c	weather	g	green spaces
d	transport	h	football stadium

They may not actually mention the words listed here – you have to draw your own conclusions. Which words might you hear for each option?

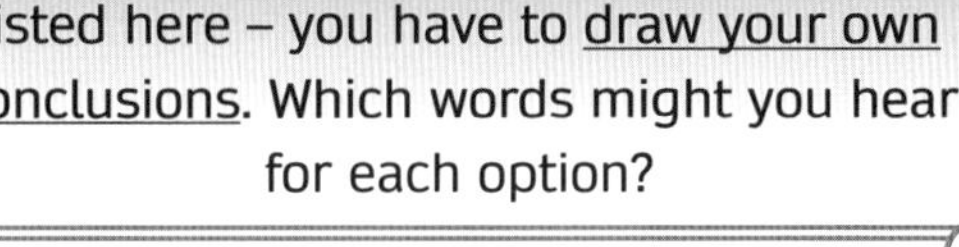

Escucha a Íñigo y rellena los espacios en blanco.

a Usually on Saturday afternoons Iñigo goes ________.

b His favourite day in Madrid was when he went to ________.

c Tomorrow, if it rains, he is going to go to ________.

Remember TRAPS:

- **R**eflect, don't **R**ush!: for each statement, listen to the whole answer and beware of distractors.
- **P**ositive or negative: listen out for **no** before a verb.

Mira el juego de rol y prepara tus respuestas.

You are talking to the assistant in a souvenir shop in Madrid.

- ¡Buenos días! ¿Qué quiere usted?
- *(Say who you want to buy something for.)* Quiero…
- ¿Una camiseta o tal vez una taza?
- *(Say which one you prefer.)* Prefiero…
- ¿…?
- !
- De acuerdo.
- ? *(Ask how much it is.)* ¿Cuánto…?
- Son cinco euros.
- *(Say 'Perfect, thank you' / 'No, thank you'.)*
- Muy bien.

! means you have to answer an unexpected question. What might the shop assistant ask you here?
? means you have to ask a question.

Con tu compañero/a, escucha y haz el juego de rol del ejercicio 3 dos veces. (1–2)

Do one complete role play each. Listen to your partner and give feedback on his or her performance.

- Remember to use correct intonation when asking a question.
- If you don't understand the unexpected question, say **¿Puede repetir, por favor?**

Descripción de una foto. Mira la foto y prepara tus respuestas a las preguntas. Luego haz diálogos con tu compañero/a.

- ¿Qué hay en la foto?
- En tu opinión, ¿adónde hay que ir en Madrid?
- Describe una visita reciente a una ciudad.

- Say **who** is in the photo. **(A la derecha hay…)**
- Say **what** they are doing. **(La chica saca…)**
- Say **where** they are – see page 101. **(Creo que están…)**
- Describe their **clothes**. **(El chico lleva…)**
- Describe the **weather**. **(Hace…)**

Lee el texto e identifica las tres frases correctas.

Bienvenidos al Teleférico de Madrid

El Teleférico es la manera ideal de ver desde el aire la parte más histórica de Madrid. También, es un medio de transporte rápido y sostenible, reduciendo el tráfico y los problemas de aparcamiento.

El Teleférico tiene 80 cabinas con capacidad para 6 personas. Cada trayecto tiene una duración de 11 minutos.

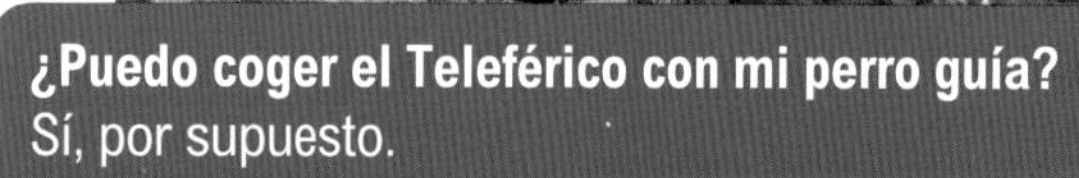

¿Puedo coger el Teleférico con mi perro guía?
Sí, por supuesto.

¿Y si hace mal tiempo?
Hay que suspender el servicio en caso de viento lateral o una tormenta eléctrica.

¿Es más barato para grupos?
Sí, ofrecemos precios especiales para grupos de más de 20 personas.

sostenible *sustainable*

a The cable car allows you to see the most historic part of the city.
b Using the cable car is bad for the environment.
c Each cabin holds up to 80 people.
d Guide dogs are allowed on the cable car.
e The cable car operates in all types of weather.
f It is cheaper if you travel in a group.

Estás de vacaciones en Madrid. Escribe un correo a tu amigo Carlos.

Menciona:

- qué haces normalmente los sábados
- qué hiciste ayer en Madrid
- tus recomendaciones para una visita a Madrid
- qué vas a hacer mañana.

Use present tense verbs to say what you usually do.

Use preterite verbs to say what you did yesterday.

Use **hay que** + infinitive.

Use near future verbs to say what you are going to do.

Try to include:
- sequencers and time phrases
- the superlative (**los churros más ricos de España**)
- **si (hace sol) voy a…**

The superlative

You use the superlative to talk about 'the (old)-est', 'the most (famous)'. It is made up of four parts:

el / la / los / las + noun + más + adjective

The adjective always goes after the noun it refers to and must agree with it:

el estadio **más** famoso	the most famous stadium
la película **más** antigua	the oldest film
los monumentos **más** famosos	the most famous monuments
las tiendas **más** grandes	the biggest shops

1 Choose the correct definite article (el/la/los/las) and adjective to complete each phrase, and then translate it into English.

Example: **1** las películas más interesantes the most interesting films

1. el / la / los / las películas más interesante / interesantes
2. el / la / los / las museo más grande / grandes
3. el / la / los / las dieta más sano / sana / sanos / sanas
4. el / la / los / las helados más rico / rica / ricos / ricas
5. el / la / los / las recuerdos más caro / cara / caros / caras

If you need to check whether the noun is masculine or feminine, use the **Minidiccionario** at the back of the book.

2 Write out these superlative phrases in Spanish. Remember to make the adjective agree with the noun.

Example: **1** la playa más bonita

1  bonito

2 antiguo

3  caro

4  famoso

5  rico

Tú and usted

There are four ways of saying 'you' in Spanish:

tú – you (singular, familiar)	¿Dónde vive**s**?	('you' singular verb form)
usted – you (singular, polite)	¿Dónde vive?	(same as the 'he/she' verb form)
vosotros/as – you (plural, familiar)	¿Dónde viv**ís**?	('you' plural verb form)
ustedes – you (plural, polite)	¿Dónde vive**n**?	(same as the 'they' verb form)

Use the familiar forms with people you know well and other young people.
Use the polite forms with people you don't know well.

The words are not always used, but **usted** / **ustedes** is sometimes added to the end of a question:

¿Qué quiere **usted**? / ¿Qué quiere**n** **ustedes**? What do you want?

3 Copy and complete the sentences with the correct word for 'you'. Then translate them into English.

1. Buenas tardes, señores. ¿Qué quieren ——?
2. ¿Y ——, Miguel? ¿Tienes hambre?
3. Este regalo es para ——, señora López.
4. Ana y Ramón, ¿—— coméis carne?
5. Señor García, ¿dónde vive ——?
6. Chicas, —— tenéis que escuchar en clase.

The preterite of irregular verbs

You use the preterite to talk about completed events in the past. Irregular verbs do not follow the usual patterns.

ir (to go)	**fui** (I went)	**fuimos** (we went)
hacer (to do / make)	**hice** (I did / made)	**hicimos** (we did / made)
ver (to see / watch)	**vi** (I saw / watched)	**vimos** (we saw / watched)

4 Copy and complete the sentences with the correct part of the verbs in brackets in the preterite. (There may be more than one correct answer.)

Ayer **1** (hacer) muchas cosas. Por la mañana **2** (ir) a la Plaza Mayor con mi amigo Gorka. Luego **3** (ir) al cine, donde **4** (ver) una película de acción. ¡Qué guay! Por la tarde **5** (ver) la tele en casa de Gorka y después **6** (hacer) una tarta de chocolate.

Using three tenses together

- Use the **present tense** to say what you normally **do**.
  monto, como, escribo, salgo, **voy**
- Use the **preterite** to say what you **did**.
  monté, comí, escribí, salí, **fui**
- Use the **near future tense** to say what you are **going to do**.
  voy a montar, **voy a** comer, **voy a** escribir, **voy a** salir, **voy a** ir

5 Copy and complete the table using the verbs in the box below.

infinitive	present	preterite	near future
	visito		voy a visitar
beber		bebí	
		jugué	voy a jugar
ir	voy		
hacer			voy a hacer

voy a ir	jugar	bebo	fui	hice
visité	hago	visitar	voy a beber	juego

6 Translate the sentences into Spanish. Think carefully about which tense to use each time.

1. Yesterday I did lots of things.
2. Normally I drink water, but today I am going to drink horchata.
3. Yesterday I went to the park, where I played with my brother.
4. Tomorrow I am going to visit the Plaza Mayor.
5. Normally on Sundays I do my homework, but yesterday I visited the zoo.

¡Mucho gusto! Pleased to meet you!

Este es mi padre.	This is my father.
Esta es mi madre.	This is my mother.
¿Tienes hambre / sed / sueño?	Are you hungry / thirsty / sleepy?
(No) Tengo hambre / sed / sueño.	I am (not) hungry / thirsty / sleepy.
¿Quieres…?	Do you want to…?
Quiero…	I want to…
beber / comer algo	drink / eat something
hablar por Skype™	speak on Skype™
ir a la cama	go to bed
mandar un SMS	send a text
ver la tele	watch TV

La caza del tesoro The treasure hunt

¿Adónde hay que ir?	Where do you/we have to go?
Hay que…	You/We have to…
ir al estadio Santiago Bernabéu	go to the Santiago Bernabéu Stadium
ir al parque del Retiro	go to Retiro Park
visitar el Museo Reina Sofía	visit the Reina Sofía Museum
coger el teleférico	take the cable car
comer…	eat…
comprar una postal de…	buy a postcard of…
dibujar…	draw…
sacar fotos de…	take photos of…
ver…	see…
el campo de fútbol más famoso de Madrid	the most famous football pitch in Madrid
el cuadro más famoso de España	the most famous painting in Spain
los churros más ricos del mundo	the tastiest churros in the world
el león más feroz del parque	the most ferocious lion in the park
los monumentos más interesantes de Madrid	the most interesting monuments in Madrid

Mi día favorito My favourite day

Mi día favorito fue el (martes).	My favourite day was (Tuesday).
Por la mañana…	In the morning…
Por la tarde…	In the afternoon / evening…
bebí / bebimos horchata	I / we drank horchata
comí / comimos un bocadillo de calamares	I / we ate a fried squid sandwich
compré / compramos una gorra	I / we bought a cap
fui / fuimos a la cafetería	I / we went to the café
fui / fuimos en metro	I / we went by metro / underground
hice / hicimos muchas cosas	I / we did lots of things
monté / montamos en la montaña rusa	I / we went on the roller coaster
saqué / sacamos fotos	I / we took photos
vi / vimos los delfines	I / we saw the dolphins
visité / visitamos el zoo / el parque de atracciones	I / we visited the zoo / theme park
Fue increíble / divertido / flipante.	It was incredible / fun / awesome.
¡Qué miedo / rico / guay!	How scary / tasty / cool!

En la tienda de recuerdos In the souvenir shop

¿Qué vas a comprar?	What are you going to buy?	**Es…**	It's…
¿Qué quiere usted?	What would you like? (polite form)	**barato/a**	cheap
		bonito/a	nice, pretty
Quiero (comprar) algo para mi (madre).	I want (to buy) something for my (mother).	**caro/a**	expensive
		feo/a	ugly
Creo que voy a comprar…	I think that I am going to buy…	**precioso/a**	lovely
		típico/a	typical, traditional
un abanico / un collar	a fan / a necklace	**útil**	useful
un imán / un llavero	a magnet / a key ring	**¿Cuánto es?**	How much is it?
una camiseta / una figurita / una taza	a T-shirt / a figurine / a cup	**Son… euros.**	It is… euros.
		Es demasiado caro/a.	It's too expensive.
(el) turrón	nougat	**No, gracias.**	No, thank you.
Me gusta la taza, pero prefiero el imán.	I like the cup, but I prefer the magnet.	**Perfecto, gracias.**	Perfect, thank you.

Mi último día en Madrid My last day in Madrid

Si…	If…	**sacar fotos (del Palacio Real)**	take photos (of the Palacio Real)
hace buen tiempo	it's good weather		
hace frío / sol / viento	it's cold / sunny / windy	**tomar el sol (en el Retiro)**	sunbathe (in the Retiro)
llueve	it's raining / it rains	**ver un partido (en el estadio Santiago Bernabéu)**	watch a match (at the Santiago Bernabéu Stadium)
voy a…	I'm going to…		
ir de compras (al Rastro)	go shopping (in the Rastro)		
probar (un cocido madrileño)	try (cocido madrileño stew)	**visitar (el Museo del Prado)**	visit (the Prado Museum)

Palabras muy frecuentes High-frequency words

primero	first	**donde**	where
luego	then	**este/esta**	this
después	afterwards	**algo**	something
más tarde	later	**para**	(in order) to, for
finalmente	finally	**usted**	you (polite form)
(o) tal vez	(or) perhaps	**sobre todo**	above all, especially

Estrategia 5
Collecting phrases

Try to make your Spanish 'super-Spanish': collect phrases that will help you to sound authentic.

- When people speak, they play for time.

  A ver… Let's see… **Bueno…** Well… **Pues…** Well…

- Using exclamations is a good way of having a more interesting conversation.

¡Qué aburrido!	How boring!	**¡Qué bonito!**	How nice/pretty!
¡Qué aventura!	What an adventure!	**¡Qué horror!**	How terrible!
¡Qué bien!	Great!	**¡Qué sorpresa!**	What a surprise!

Try to learn a new useful phrase each week.

¡Eres guía turístico!

- Giving information about tourist attractions
- Recording an audio commentary for a bus tour

Empareja los símbolos con las frases correctas.

1 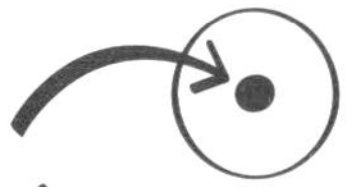 2 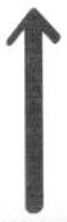 3 ⟵ 4 ⟶

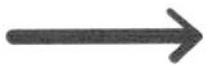

a a la derecha
b todo recto
c aquí
d a la izquierda

Zona Cultura

Argentina's capital city, Buenos Aires, has a population of almost 3 million. It is also South America's most visited city, attracting nearly as many tourists each year. One of its biggest attractions is **tango**, the world-famous dance which originated there. Football is another of the city's passions, and it has half a dozen first-division teams.

Escucha. El guía turístico describe la visita de Buenos Aires. ¿De qué atracción habla? ¿Dónde está? (1–6)

Ejemplo: **1** f ⟶

¡Bienvenidos a bordo!	*Welcome aboard!*
el edificio	*building*

a la Bombonera
b la Casa Rosada

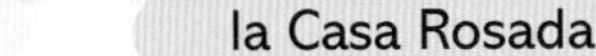

c el Obelisco

d el Planetario

e el Café Tortoni

f el Teatro Colón

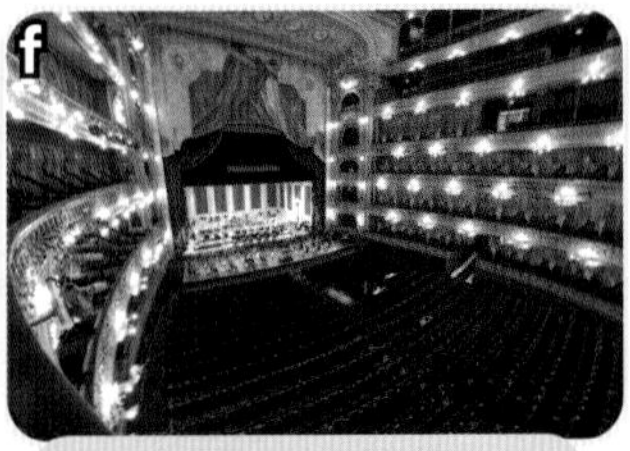

Escucha y lee las descripciones de las atracciones. Empareja con las fotos del ejercicio 2.

Ejemplo: **1** e

Visita turística de Buenos Aires

1 Aquí se puede tomar chocolate con churros por la mañana o ver un espectáculo de tango por la noche.

2 Este palacio fue construido en el siglo diecinueve. Es famoso por sus balcones, ¡y también por su color!

3 Esta atracción es muy popular entre los fanáticos de la ópera y de la música clásica.

4 Aquí se puede descubrir todo sobre el sistema solar, los telescopios, los meteoritos…

5 Aquí se puede ver un partido de fútbol del equipo Club Atlético Boca Juniors.

6 Este monumento impresionante de casi sesenta y ocho metros fue construido en 1935.

Lee los textos del ejercicio 3 otra vez. Busca las frases en español.

1 it is famous for
2 this attraction is very popular
3 here you/one can
4 was built in the nineteenth century
5 discover everything about
6 fans of

Con tu compañero/a, utiliza la información del ejercicio 3 para inventar comentarios sobre Buenos Aires. Habla por turnos.

● A la derecha está el Planetario. Aquí se puede descubrir…
■ Y todo recto tenemos…

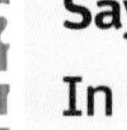

SKILLS

Saying it with feeling

In many situations how you say something (e.g. your intonation and expression) can be as important as what you say. For example, would tourists be interested in what the tour guide was saying if he/she sounded completely unenthusiastic? Remember this when you are doing exercise 5 and exercise 7!

Con tu compañero/a, escribe una audioguía para un autobús turístico.

- Choose a town or city.
- Find a map of the town and start your research.
- Choose five places of interest and plan a bus-tour route.
- Find out a fact about each place.
- Prepare your script (remember to welcome the passengers on board!).

Señoras y señores, buenos días. ¡Bienvenidos a bordo!

Vamos a visitar las atracciones más importantes de…

A la derecha A la izquierda Todo recto	está tenemos	el estadio… el museo… el parque… la plaza…

Este edificio Este monumento Esta atracción	fue construido/a en el siglo… es famoso/a por… es popular entre los fanáticos de…

Aquí se puede	ver… visitar… descubrir…

Graba tu audioguía. Luego escucha la audioguía de otra pareja y da tu opinión.

Record your audioguide. Then listen to the audioguide of another pair and give your opinion.

Completa las expresiones de frecuencia en español. Luego escribe la letra correcta para cada expresión.

Ejemplo: **1** los domingos – e

1 l___ d___
2 u___ v___ a l___ s___
3 a m___
4 c___ t___ l___ d___
5 d___ v___ a l___ s___
6 t___ l___ f___ d___ s___

a once a week
b twice a week
c often
d every weekend
e on Sundays
f almost every day

Try to do exercise 1 from memory. If you need help, look at page 11.

Lee los textos y contesta a las preguntas.

Me chiflan los cómics y leo cómics casi todos los días. En mi insti hay un club de cómics. Soy miembro y es guay. Voy los miércoles por la tarde. No me gustan nada los videojuegos. Prefiero los libros y los cómics.
Santi

Me encantan los animales. Mi animal favorito es mi perro que se llama Pepe. Vamos al parque todos los días. También me chifla la natación. Pero no me gustan nada los deberes...
Maya

Me chifla el fútbol. Soy miembro de un equipo y juego al fútbol tres veces a la semana. Hay un partido casi todos los sábados por la mañana. También me gusta la música. Toco la trompeta en un grupo de jazz en el insti.
Víctor

Who…

1 loves reading?
2 is in a sports team?
3 loves swimming?
4 plays an instrument?
5 doesn't like homework?
6 mentions the weekend?
7 does an activity almost every day?
8 is a member of a club?

Escribe textos para Alejandro y Marta. Utiliza los textos del ejercicio 2 como modelo.

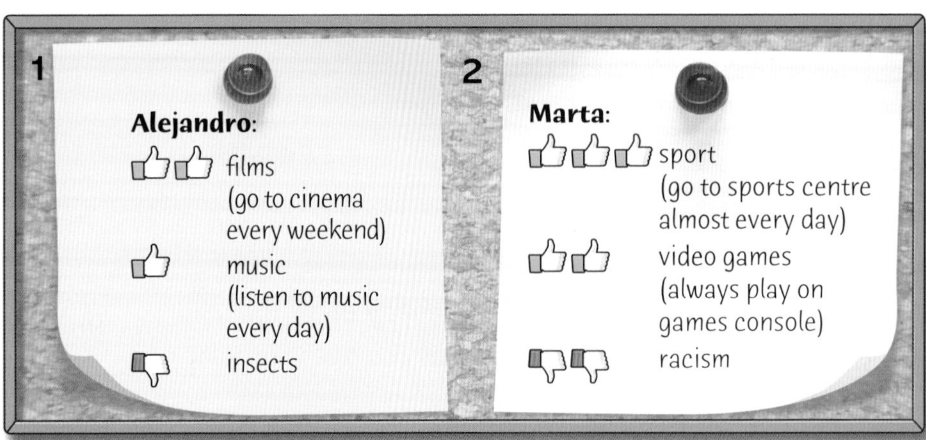

SKILLS

Using connectives

To extend your sentences further, use connectives such as **y**, **pero** and **también**.

la consola *games console*

Empareja las mitades de las frases. Traduce las frases al inglés. Utiliza el minidiccionario si es necesario.

Ejemplo: **1** b I love action films.

1 Me encantan las...
2 Voy a...
3 No me gustan...
4 Jennifer Lawrence...
5 Voy...

a las comedias.
b películas de acción.
c con mi familia al cine.
d menudo al cine.
e es mi actriz favorita.

Adapta las frases del ejercicio 1 para escribir sobre tus opiniones del cine.

Adapt the sentences from exercise 1 to write about your opinions of cinema.

Empareja las preguntas con las respuestas correctas.

Ejemplo: **1** b

1 ¿Qué cosas te gustan?
- **a** No me gustan nada los insectos.
- **b** Me chiflan las películas.

2 ¿Cuándo es tu cumpleaños?
- **a** El veintidós de mayo.
- **b** Mi película favorita es *Shrek*.

3 ¿Cómo vas a celebrar tu cumpleaños?
- **a** Voy a ir a la bolera.
- **b** Sí, voy al cine una vez a la semana.

4 ¿Con quién vas al cine?
- **a** Es una película de animación.
- **b** Voy con mis amigos Diego y Marita.

5 ¿Qué vas a hacer?
- **a** Vamos a ir a un parque de atracciones.
- **b** Mi actor favorito es Johnny Depp.

6 ¿Cómo va a ser?
- **a** Voy al cine los sábados por la tarde.
- **b** ¡Va a ser genial!

Mira las respuestas incorrectas del ejercicio 3. Escribe las preguntas apropiadas y copia las respuestas.

Look at the incorrect answers in exercise 3. Write the appropriate questions and copy the answers.

Ejemplo: **1** ¿Qué cosas no te gustan? No me gustan nada los insectos.

Escribe una entrevista. Contesta a las preguntas del ejercicio 3.

- ¿Qué cosas te gustan?
- Me chiflan los animales, pero no me gustan los insectos.

Answer the interview questions as yourself or choose a different identity. Write full answers to the questions, giving at least one additional piece of information for each. For example, say what you don't like as well as what you do like. Not all the information needs to be true!

Escribe las frases y luego tradúcelas al inglés.

1 Soy camarero. Tengo que servir en el restaurante.
No me gusta mi trabajo porque es monótono.

2 Soy peluquera. Tengo que cortar el pelo a los clientes.
Me encanta mi trabajo porque es interesante.

Escribe tres textos. Utiliza los textos del ejercicio 1 como modelo.

Lee los anuncios. Luego copia y completa la tabla.

	job advertised	type of person needed	place of work
1	b	organised, …	

1 ¿Eres organizado y paciente? ¿Te gustaría trabajar en un hotel muy grande? ¿Tienes experiencia en hablar por teléfono y ayudar a los clientes?

2 ¿Te gusta la moda? Tenemos una oportunidad en nuestra agencia de diseño para una persona creativa y ambiciosa.

3 ¿Eres sociable y responsable? ¿Te gustaría vender una variedad de productos diferentes en una tienda de deporte?

4 ¿Te gustaría trabajar al aire libre? ¿Eres práctico y trabajador? ¿Te gustaría ser responsable de los jardines de un hospital?

a

b

c

d

Lee la página web y contesta a las preguntas.

EMPLEO: ***Instructor de esquí y snowboard***

Descripción
- **Provincia:** Granada
- **Sector:** turismo
- **Contrato:** temporal (duración = 6 meses)
- **Detalles:** Se requiere instructor de esquí y snowboard para dar clases a niños de 8 a 16 años de edad.
- **Salario:** 11€ / hora

Requisitos
- **Experiencia mínima:** 2 años
- **Idiomas:** inglés (esencial), francés (deseable)

1 What job is being advertised?
2 Where is the job based?
3 How long does the contract last?
4 Who will you be teaching?
5 How much will you earn?
6 How much experience do you need?
7 Which languages do you need to speak?

Copia y completa el texto con los verbos del recuadro.

Ejemplo: **1** Soy

1 ___ periodista y **2** ___ en un programa de deportes. Me encanta mi trabajo porque es muy variado. **3** ___ inglés y francés.

Ayer por la mañana **4** ___ de casa a las cinco y **5** ___ al trabajo a las seis. Primero **6** ___ con mi jefe y luego **7** ___ mi reportaje. Después del programa **8** ___ en un restaurante con mi equipo y un poco más tarde **9** ___ al fútbol en el parque.

hablé ~~soy~~ jugué hablo preparé comí salí llegué trabajo

Imagina que eres esta persona. Escribe un texto. Utiliza el texto del ejercicio 2 como modelo.

Ejemplo: Soy recepcionista y…

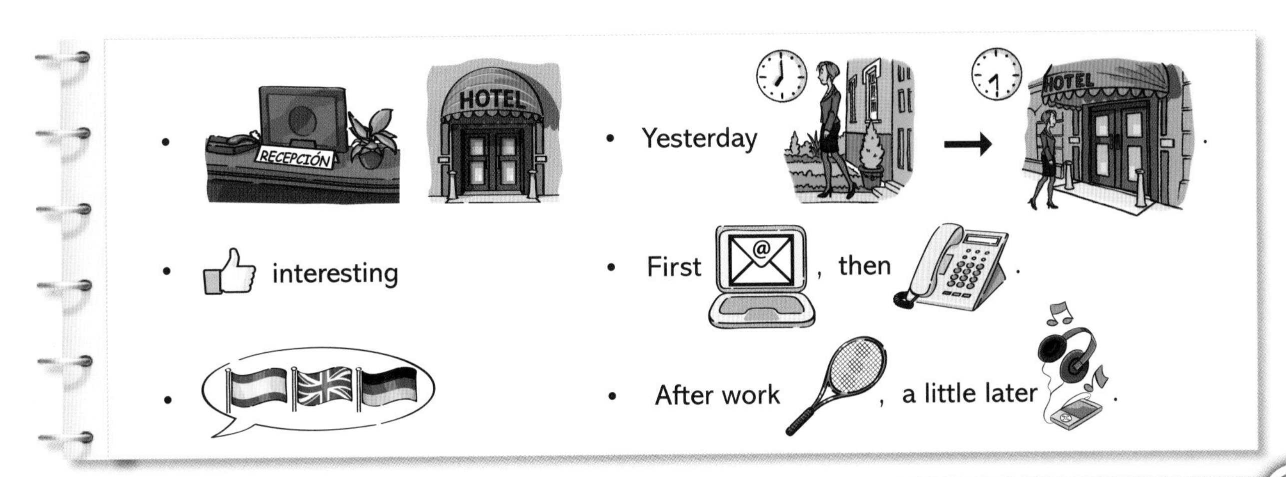

¿Qué come / no come cada persona? ¿Por qué? Copia y completa la tabla.

	food	eats it ✔ / doesn't eat it ✘	reason
Alberto	d	✗	He's a vegetarian.

Alberto: No como carne porque soy vegetariano.

Patricia: Nunca como chorizo porque soy musulmana.

Eduardo: Como galletas todos los días porque son muy ricas.

Mateo: Como fruta tres veces al día porque es muy sana.

José: No como pescado porque soy alérgico.

Isabel No como verduras porque son asquerosas.

a 
b 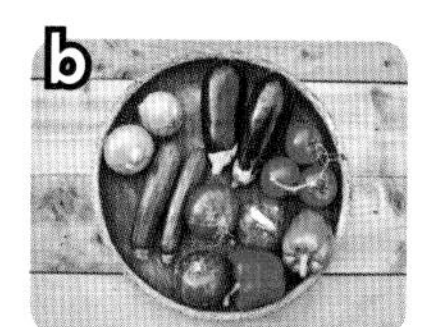
c 
d 
e 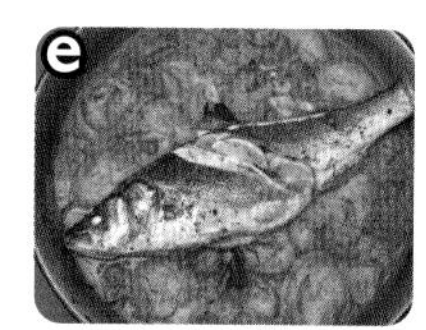
f 

¿Qué comes y qué no comes? ¿Por qué? Escribe cuatro frases.

Ejemplo: Como fruta a menudo porque es muy rica. Nunca como pan porque soy alergico...

Escribe cuatro frases lógicas. Usa un elemento de cada recuadro.

Los martes Después del insti Dos veces a la semana Todos los días A veces	juego hago	al fútbol al baloncesto gimnasia baile natación	porque soy muy competitivo/a. porque prefiero los deportes individuales. porque prefiero los deportes de equipo. porque soy miembro de un equipo. porque es muy emocionante.

Pon las frases en el orden correcto. Luego traduce el texto al inglés.

Ejemplo: e, …

a fruta o yogur. Finalmente me lavo los dientes y voy…

b al trabajo en bici.

c y luego, a las cinco y cuarto, me visto…

d Primero me ducho (¡si tengo tiempo!)…

e Todos los días me despierto a las cinco…

f y me levanto enseguida.

g en mi dormitorio. Después desayuno…

Look at clues such as sequencers and other time phrases, and use common sense.

¿Qué consejos no siguen Joaquín y Ariana? Escribe las dos letras correctas para cada uno.

*Which pieces of advice do Joaquín and Ariana **not** follow?*
Write the two correct letters for each one.

1

Siempre estoy cansado porque me acuesto a las dos de la mañana y me despierto a las ocho. No me gusta nada el deporte y por eso nunca juego al fútbol y nunca hago footing.
Joaquín

2

No me gustan nada las verduras (¡puaj!) y nunca como fruta, pero me encanta la limonada (¡qué rica!). También siempre bebo mucha cola – ¡dos o tres botellas al día!
Ariana

- **a** Se debe comer más fruta y verduras.
- **b** Se debe entrenar una hora al día.
- **c** No se debe fumar.
- **d** Se debe dormir ocho horas al día.
- **e** No se debe beber muchos refrescos.
- **f** No se debe comer comida basura.

¿Qué dicen los jóvenes? Escribe dos textos. Utiliza los textos del ejercicio 1 como modelo.

Ejemplo: **1** Nunca estoy cansado porque me acuesto a las…

1 Tomás

2 Julieta

A menudo  y a veces .

Siempre  pero nunca .

Lee el texto. ¿Verdadero o falso? Escribe V o F.

Normalmente soy una persona muy sana. Todos los días me levanto a las seis y luego hago footing. Después hago natación durante una hora. También dos veces a la semana juego al rugby porque soy miembro de un equipo.

Sin embargo, hoy estoy fatal. Me duelen los pies, me duelen las piernas y me duele la espalda. ¿Por qué? Porque ayer hice un triatlón Ironman. Primero hice cuatro kilómetros en la piscina. Luego hice ciclismo durante cinco horas. Finalmente hice un maratón. ¡Fue horroroso!
Rafa

1. Rafa gets up every day at six.
2. Then he goes to the gym for an hour.
3. He is a member of a swimming team.
4. Today his feet, legs and back ache.
5. Yesterday he swam four kilometres.
6. The final event was cycling.

1 Escribe las frases correctamente. Luego traduce las frases al inglés.

1 Voyapieporqueesmásverdequeirencoche.
2 Voyacaballoporqueesmásprácticoqueirenautobús.
3 Voyenmetroporqueesmásrápidoqueirapie.
4 Voyenbarcoyenbiciporqueeslaúnicaopción.
5 Voyenautobúsyentrenporqueesmásbaratoqueirentaxi.

2 ¿Y tú? ¿Cómo vas al insti y por qué? Escribe unas frases.

3 Lee el texto. Luego elige las tres frases verdaderas.

Se llama Isabel Allende. **Es** de Chile. **Es** chilena, pero vive en California. **Es** escritora. Su pasión **es** la literatura. En su opinión, todos **tienen** derecho a la educación. **Representa a** la Fundación Isabel Allende, que **apoya** la educación de niñas en Chile.

apoyar *to support*

a She lives in Chile.
b She is from California.
c She is Chilean.
d She is an author.
e She thinks education is very important.
f She supports boys' education in Chile.

Niños means 'boys' or 'children' in general, which includes boys and girls. What do you think **niñas** means?

4 Escribe un texto sobre Cristiano Ronaldo. Utiliza los verbos en negrita del ejercicio 3.
Write a text about Cristiano Ronaldo. Use the verbs in bold from exercise 3.

- Cristiano Ronaldo
- Portugal
- portugués
- Madrid
- futbolista
- el fútbol
- derecho a una vida sana
- Save the Children
- el deporte y una dieta sana para niños en todo el mundo

Lee los textos. Empareja los dibujos con el texto correcto. ¡Ojo! Sobran dos dibujos.

Read the texts. Match the pictures to the correct text. Be careful! There are two pictures too many.

Ejemplo: **1** h, …

1 Siempre vamos al insti en bici. Apagamos los ordenadores todos los días y en diciembre organizamos una venta de pasteles.

2 En mi insti reciclamos vidrio y nunca malgastamos agua. Soy miembro de la organización de Amnistía Internacional y los viernes escribimos cartas.

a

b

c

d

e

f

g

h

Lee los textos y completa el perfil en inglés para Esmeralda y Diego.

Name: ____________

Lives in: ____________

Rights mentioned: ____________

Ambition: ____________

Me llamo Esmeralda y soy norteamericana. Vivo en Florida. Todos tenemos derecho a la libertad de expresión y en los Estados Unidos puedes dar tu opinión. También tenemos derecho a un medio ambiente sano y aquí no hay mucha contaminación. En el futuro voy a ser programadora. ¿Y tú?

Me llamo Diego y soy chileno pero vivo en Ecuador. Todos tenemos derecho a la protección y aquí en Ecuador no hay mucha violencia. También tenemos derecho al amor y a la familia. Yo vivo con mi familia y soy muy feliz. En el futuro voy a ser médico. ¿Y tú?

Traduce el texto al español.

I am called Sergio and I live in Valladolid in Spain. We all have the right to education and here in Spain I can go to school every day. We also have the right to play and I can play with my friends in the park. In the future I am going to be a teacher. And you?

Copia y completa las frases con las palabras del recuadro.

Ejemplo: **1** Este es mi padre, Pablo.

1 ● Este es mi ____, Pablo.
■ Mucho ____.

2 ● ¿Quieres ____ algo?
■ Sí, tengo ____. Una limonada, por favor.

3 ● ¿Quieres ____ la tele?
■ No, gracias, quiero ____ un SMS a mis padres.

4 ● ¿Tienes ____?
■ Sí, quiero ____ a la cama.

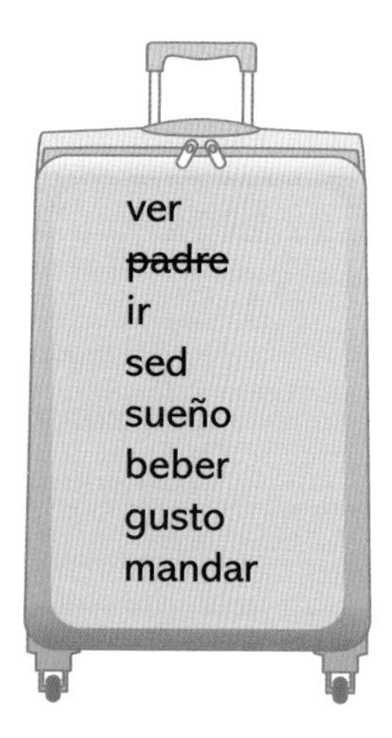

Para cada persona, escribe las letras de las fotos apropiadas en el orden correcto.

Ejemplo: Adrián – f, …

¡Me encanta Madrid! Ayer por la mañana fui al mercado más popular de Madrid, el Rastro. Luego por la tarde fui al zoo, donde vi los delfines. ¡Fue increíble! Finalmente fui a un restaurante, donde comí un bocadillo de calamares.
Adrián

Me chifla el arte. El miércoles visité el Museo Reina Sofía, donde vi el cuadro más famoso de Pablo Picasso: el Guernica. Luego fui a la tienda de recuerdos, donde compré una postal. Por la tarde fui a una chocolatería, donde comí churros. ¡Qué ricos!
Nerea

Escribe un texto sobre un día en Madrid. Utiliza el texto de Adrián del ejercicio 2 como modelo.

-  Madrid
- Ayer por la mañana 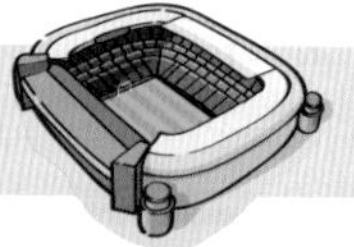 más importante de .
- Por la tarde , donde . ¡  !
- Finalmente , donde .

¿Quién habla, la dependienta o el cliente? Completa la tabla.

Who is speaking? The shop assistant or the customer? Complete the table.

la dependienta		el cliente	
1, …			

1 ¿Algo más?
2 Creo que voy a comprar la taza.
3 Quiero algo para mi madre.
4 Son ocho euros, señor.
5 ¿Qué quiere usted?
6 Me gusta el imán, pero prefiero el collar.
7 Es demasiado caro. No, gracias.
8 ¡Aquí tiene usted!

Lee el texto. Escribe 'pasado', 'presente' o 'futuro' para cada dibujo.

Read the text. Write 'past', 'present' or 'future' for each picture.

Ayer fui al parque de atracciones, donde monté en todas las montañas rusas. ¡Qué miedo! Luego fui al cine 4D. Fue genial. Después fui a un restaurante, donde comí calamares. ¡Qué ricos!

Normalmente los sábados hago natación y luego por la tarde voy a una hamburguesería con mis amigos.

Mañana si hace sol, voy a ir al Rastro. Voy a comprar un llavero para mi padre. Sin embargo, si llueve, voy a ir al estadio Santiago Bernabéu y voy a comprar una camiseta de mi equipo favorito.

Pablo

1 

3 

5 

2 

4 

6 

Escribe una entrada de blog. Utiliza el texto del ejercicio 2 como modelo.

- yesterday: visited zoo – saw elephants (fun!)
  went to Retiro – took photos
  went to restaurant – ate fish (tasty!)
- normally: on Sundays go shopping in morning, play football with brother in afternoon
- tomorrow: if sunny, go to Gran Vía – buy fan for grandmother
  if cold, go to Prado Museum – buy postcard of favourite painting

The present tense

Use the present tense to talk about what you do now, what you usually do, or how things are.

1 Regular verbs

In the present tense, **-ar**, **-er** and **-ir** verbs follow different patterns of endings:

	-ar	-er	-ir
	bail**ar** (to dance)	com**er** (to eat)	escrib**ir** (to write)
yo	bail**o**	com**o**	escrib**o**
tú	bail**as**	com**es**	escrib**es**
él/ella / usted	bail**a**	com**e**	escrib**e**
nosotros/as	bail**amos**	com**emos**	escrib**imos**
vosotros/as	bail**áis**	com**éis**	escrib**ís**
ellos/as / ustedes	bail**an**	com**en**	escrib**en**

2 Irregular verbs

Some verbs don't follow the usual patterns. Learn each verb by heart.

ir (to go)	**ser** (to be)	**tener** (to have)	**ver** (to see)
voy	soy	tengo	veo
vas	eres	tienes	ves
va	es	tiene	ve
vamos	somos	tenemos	vemos
vais	sois	tenéis	veis
van	son	tienen	ven

Some verbs are irregular in the 'I' form only:

hacer (to do / to make) → ha**go** **salir** (to go out) → sal**go**

3 Stem-changing verbs

Stem-changing verbs have a vowel change in the stem (the part of the verb that is left when you take off the ending) in the 'I', 'you' (singular), 'he/she' and 'they' forms of the present tense.

e → ie	**o → ue**	**u → ue**
pref**e**rir (to prefer)	p**o**der (to be able to / can)	j**u**gar (to play)
pref**ie**ro	p**ue**do	j**ue**go
pref**ie**res	p**ue**des	j**ue**gas
pref**ie**re	p**ue**de	j**ue**ga
preferimos	podemos	jugamos
preferís	podéis	jugáis
pref**ie**ren	p**ue**den	j**ue**gan

These stem-changing verbs follow the same pattern as **preferir**:

empezar (to start) → empiezo (I start)
entender (to understand) → entiendo (I understand)
querer (to want) → quiero (I want)

These stem-changing verbs follow the same pattern as **poder:**

dormir (to sleep) → **duermo (I sleep)**
doler (to hurt) → **me duele(n)** (my… hurt(s))

4 Reflexive verbs

Reflexive verbs describe actions you do to yourself. They include a reflexive pronoun, e.g. **me**, **te**, **se**, which means 'myself', 'yourself', 'his/herself', etc.

ducharse (to have a shower)
me ducho **te** duchas **se** ducha **nos** duchamos **os** ducháis **se** duchan

Some reflexive verbs are stem-changing in the present tense:

acostarse (to go to bed) → me acuesto (I go to bed)
despertarse (to wake up) → me despierto (I wake up)
vestirse (to get dressed) → me visto (I get dressed)

The preterite

Use the preterite (simple past tense) to talk about completed actions in the past.

1 Regular verbs

In the preterite, regular **-ar** verbs follow one pattern of endings and **-er** and **-ir** verbs follow another:

	-ar	-er	-ir
	bail**ar** (to dance)	com**er** (to eat)	escrib**ir** (to write)
yo	bail**é**	com**í**	escrib**í**
tú	bail**aste**	com**iste**	escrib**iste**
él/ella / usted	bail**ó**	com**ió**	escrib**ió**
nosotros/as	bail**amos**	com**imos**	escrib**imos**
vosotros/as	bail**asteis**	com**isteis**	escrib**isteis**
ellos/as / ustedes	bail**aron**	com**ieron**	escrib**ieron**

2 Irregular verbs

Some verbs don't follow the usual patterns in the preterite. Learn each verb by heart.

ir (to go)	**ser** (to be)	**hacer** (to do / make)	**tener** (to have)	**ver** (to see)
fui	fui	hice	tuve	vi
fuiste	fuiste	hiciste	tuviste	viste
fue	fue	hizo	tuvo	vio
fuimos	fuimos	hicimos	tuvimos	vimos
fuisteis	fuisteis	hicisteis	tuvisteis	visteis
fueron	fueron	hicieron	tuvieron	vieron

The verbs **ir** and **ser** are identical in the preterite, but the context makes it clear which verb is meant.

In the preterite, the following verbs are irregular in the 'I' form only:

sacar (to take) → sa**qu**é (I took) **jugar** (to play) → ju**gu**é (I played) **tocar** (to play) → to**qu**é (I played)

The near future tense

Use the near future tense to say what you are going to do.

To form the near future tense, use the present tense of the verb **ir** (to go) + **a** + infinitive.

bailar (to dance)
voy a bailar **vas a** bailar **va a** bailar **vamos a** bailar **vais a** bailar **van a** bailar

A

abajo *down, below*
el **abanico** *fan*
abrir *to open*
absolutamente *absolutely*
la **abuela** *grandmother*
el **abuelo** *grandfather*
los **abuelos** *grandparents*
aburrido/a *boring*
la **acción** *action*
el **aceite de oliva** *olive oil*
acostarse *to go to bed*
la **actividad** *activity*
el **actor** *actor* (m)
la **actriz** *actor* (f)
adaptar *to adapt*
además *in addition, furthermore*
adicto/a *addicted*
adivinar *to guess*
el **adjetivo** *adjective*
¿adónde? *where (to)?*
el **aeropuerto** *airport*
la **agencia** *agency*
el **agua** *water* (f)
el **agua de lluvia** *rainwater*
ahora *now*
ahorrar *to save*
el **aire** *air*
al aire libre *in the open air*
el **alcohol** *alcohol*
el **alemán** *German (language)*
alérgico/a *allergic*
la **alfombra** *carpet, rug, mat*
algo *something*
el **alimento** *food*
alto/a *high, tall*
la **amabilidad** *kindness*
amarillo/a *yellow*
ambicioso/a *ambitious*
la **América del Sur** *South America*
la **amiga** *friend* (f)
el **amigo** *friend* (m)
el **amo** *owner*
el **amor** *love*
el **anillo** *ring*
la **animación** *animation*
anoche *last night*
antes (de) *before*
antiguo/a *old*
el **anuncio** *advert*
añadir *to add*
el **año** *year*
apadrinado/a *sponsored*
apagar *to switch off, to extinguish*
el **aparato eléctrico** *electrical appliance*
el **aparcamiento** *parking*
aparecer *to appear*
aplaudir *to applaud*
el **aplauso** *applause*
apoyar *to support*
aprender *to learn*
apropiado/a *appropriate*
¡que aproveche! *enjoy your meal!*
apuntar *to note down*
aquí *here*
el **árbol** *tree*
argentino/a *Argentinian*
el **argumento** *plot*
la **armería** *military museum*
la **arquitecta** *architect* (f)
el **arquitecto** *architect* (m)
arriba *up, above*
el **arte** *art*
las **artes marciales** *martial arts*
el **artículo** *article*
así *like this*
asiático/a *Asian*
asociado/a *associated*
asqueroso/a *disgusting*
el **atletismo** *athletics*
la **atracción** *ride, attraction*
la **audioguía** *audio guide*
el **autobús** *bus*
la **aventura** *adventure*
el **aviario** *aviary*
el **avión** *plane*
ayer *yesterday*
ayudar *to help*
la **azafata** *flight attendant* (f)
el **azafato** *flight attendant* (m)
azul *blue*

B

bailar *to dance*
el **baile** *dance*
bajar *to go down*
el **balcón** *balcony*
el **baloncesto** *basketball*
barato/a *cheap*
la **barbacoa** *barbecue*
el **barco** *boat*
bastante *quite*
beber *to drink*
la **bebida** *drink*
el **béisbol** *baseball*
la **Bélgica** *Belgium*
el **beneficio** *benefit, profit*
benéfico/a *charity, charitable*
la **bici(cleta)** *bicycle*
bien *good, great*
el **bienestar** *well-being, welfare*
bienvenido/a *welcome*
la **biografía** *biography*
blanco/a *white*
el **bocadillo** *sandwich*
la **bolera** *bowling alley*
el **bolígrafo** *pen*
boliviano/a *Bolivian*
la **bombera** *firefighter* (f)
el **bombero** *firefighter* (m)
bonito/a *nice, pretty*
a bordo *aboard*
la **botella** *bottle*
el **brazo** *arm*
buen(o)/a *good*
bueno… *well…*
el **burro** *donkey*
buscar *to look for*

C

el **caballo** *horse*
la **cabeza** *head*
cada *each, every*
caerse *to fall down/off*
el **café** *coffee*
la **cafeína** *caffeine*
la **cafetería** *café*
los **calamares** *(fried) squid*
calcular *to calculate*
caliente *hot, warm*
la **cama** *bed*
la **cámara** *camera*
la **camarera** *waitress*
el **camarero** *waiter*
cambiar *to change*
el **camino** *way, path*
la **camiseta** *T-shirt*
el **campamento** *camp*
el **campeón** *champion*
el **campo** *countryside, field*
el **campo de fútbol** *football pitch*
la **canción** *song*
cansado/a *tired*
el/la **cantante** *singer*
cantar *to sing*
la **capacidad** *capacity*
el **caramelo** *sweet*
la **carne** *meat*
caro/a *expensive*
la **carpintera** *carpenter* (f)
el **carpintero** *carpenter* (m)

la carrera *career, race, course*
la carta *letter*
la cartelera de cine *cinema listings*
la casa *home, house*
desde casa *from home*
el casco histórico *historic city centre*
casi *almost, nearly*
el castillo *castle*
el catarro *cold*
categorizar *to categorise*
la caza *hunt*
celebrar *to celebrate*
la cena *dinner*
cenar *to have (… for) dinner*
el centro comercial *shopping centre*
los cereales *cereal*
cerrar *to close, to turn off*
el champán *champagne*
la chaqueta *jacket*
la chica *girl*
el chico *boy*
me chifla(n)… *I love…*
chileno/a *Chilean*
chino/a *Chinese*
la chocolatería *café (specialising in hot chocolate)*
los churros *churros (sweet fried dough sticks)*
el ciclismo *cycling*
la ciencia *science*
la ciencia ficción *science fiction*
el cine *cinema*
el cinturón *belt*
la cirujana *surgeon* (f)
el cirujano *surgeon* (m)
la ciudad *city*
clásico/a *classic*
la clave *key*
la clienta *customer* (f)
el cliente *customer* (m)
la clínica *clinic*
el club *club*
el coche *car*
el cocido madrileño *Madrilenian chickpea stew*
la cocina *cooking, kitchen*
cocinar *to cook*
la cocinera *cook* (f)
el cocinero *cook* (m)
coger *to take (transport)*
la cola *cola*
la colección *collection*
el collar *necklace*
colombiano/a *Colombian*
la columna *column*
la comedia *comedy*
el comentario *comment*
comer *to eat*
el cómic *comic (book)*
cómico/a *funny*
la comida *food*
la comida basura *junk food*
¿cómo? *how?, what… like?*
la comodidad *comfort, convenience*
la compañera *partner* (f)
el compañero *partner* (m)
completar *to fill in, to complete*
comprar *to buy*
las compras *shopping*
ir de compras *to go shopping*
comprobar *to check*
comunicarse *to communicate*
la comunidad *community*
el concierto *concert*
concluir *to conclude*
el conductor (de autobuses) *(bus) driver*
el conector *connector*
conocer (a) *to meet, to know*
el consejo *piece of advice*
conservar *to save, to preserve, to maintain*
la consola *games console*
construido/a *built*
construir *to build*
consumir *to consume*
el consumo eléctrico *electricity consumption*
la contaminación *pollution*
contaminado/a *polluted*
contar *to count*
contestar *to answer*
el contexto *context*
contigo *with you*
la conversación *conversation*
convertirse en *to become*
la copa *cup (trophy)*
copiar *to copy*
el corazón *heart*
correctamente *correctly*
corregir *to correct*
el correo (electrónico) *email*
correr *to run*
cortar *to cut*
la cosa *thing*
crear *to create*
creativo/a *creative*
crecer *to grow*
creer *to think, to believe*
la crítica *review*
el cuadro *painting*
¿cuál(es)? *what?, which?*
¿cuándo? *when?*
¿cuánto? *how much?*
el cuarto *quarter, room*
el cuerpo *body*
¡cuidado! *take care!*
cuidar *to look after, to take care of*
el cumpleaños *birthday*

D

el dado *die*
dar *to give*
dar la vuelta *to turn around*
dar palmas *to clap*
los datos *details*
se debe *you/one must*
se debería *you/one should*
los deberes *homework*
decidir *to decide*
decir *to say*
dedicar *to dedicate*
degradarse *to deteriorate, degrade, break down*
dejar *to leave*
el delfín *dolphin*
demasiado *too*
denotar *to indicate*
depender de *to depend on*
la dependienta *shop assistant* (f)
el dependiente *shop assistant* (m)
el deporte *sport*
la derecha *right (direction)*
el derecho *right (permission)*
el desastre *disaster*
desayunar *to have (… for) for breakfast*
el desayuno *breakfast*
la descarga *flush (toilet)*
descender *to descend*
descomponerse *to decompose, to rot*
deseable *desirable*
describir *to describe*
descubrir *to discover*
desde *from, since*
el desierto *desert*
despacio *slowly*
despertarse *to wake up*
después *afterwards*
después de *after*
el detalle *detail*
el día *day*
el día festivo *holiday*
el diálogo *dialogue*
el diario *diary*
diario/a *daily*
dibujar *to draw*
el dibujo *drawing*
el diccionario *dictionary*
el dicho *idiom*
el diente *tooth*
la dieta *diet*
diferente *different*
difícil *difficult*
el dinero *money*

el director de cine *film director*
el diseñador *designer* (m)
la diseñadora *designer* (f)
el diseño *design*
divertido/a *fun, funny*
el doctor *doctor* (m)
la doctora *doctor* (f)
doler *to hurt*
el domingo *Sunday*
donde *where*
¿dónde? *where?*
dormir *to sleep*
la dosis *dose*
la ducha *shower*
ducharse *to have a shower*
me duele(n)... *my... hurt(s)*
los dulces *sweet things*
durante *for, during*
durar *to last*
duro/a *hard*

E

la edad *age*
el edificio *building*
la educación *education*
el ejemplo *example*
el ejercicio *exercise*
la electricidad *electricity*
el elefante *elephant*
elegir *to choose*
emocionante *exciting*
emparejar *to match up, to pair up*
empezar *to start, to begin*
la empleada *employee* (f)
el empleado *employee* (m)
el empleo *job, employment*
me encanta(n)... *I love...*
encontrarse con *to meet*
la encuesta *survey*
la energía *power, energy*
la enfermedad *illness*
la enfermera *nurse* (f)
el enfermero *nurse* (m)
enfermo/a *ill*
¡enhorabuena! *congratulations!*
la ensalada *salad*
enseguida *straight away*
entender *to understand*
la entonación *intonation*
la entrada *entry, ticket*
el entrenador *trainer, coach* (m)
la entrenadora *trainer, coach* (f)
entrenar *to train, to exercise*
la entrevista *interview*
el equilibrio *balance*
el equipo *team*
equivalente *equivalent*
el error *error, mistake*
escribir *to write*
el escritor *writer* (m)
la escritora *writer* (f)
escuchar *to listen (to)*
la escuela *school*
esencial *essential*
el espacio *space*
la espalda *back*
el español *Spanish (language)*
español(a) *Spanish*
especial *special*
la especialidad *speciality*
el espectáculo *show, performance*
el espectador *spectator*
el estadio *stadium*
el estado de ánimo *mood*
los Estados Unidos *United States*
estar *to be*
la estatua *statue*
este/a/os/as *this/these*
el estómago *stomach*
la estrella *star*
estresante *stressful*
el estribillo *chorus*
estricto/a *strict*
estudiar *to study*
el estudio *study*
el evento *event*
evitar *to avoid*
la excursión *trip*
la exhibición *show*
la existencia *existence*
la experiencia *experience*
explicar *to explain*
expresar *to express*
la expresión *expression*
la expresión de secuencia *sequencer*
extenso/a *extensive*
extrovertido/a *extrovert*

F

fabricar *to manufacture*
fácil *easy*
falso/a *false*
la familia *family*
famoso/a *famous*
la fanática *fan* (f)
el fanático *fan* (m)
fanático/a (de) *mad, crazy (about)*
la fantasía *fantasy*
el fantasma *ghost*
fantástico/a *fantastic*
la farmacia *pharmacy*
fascinante *fascinating*
fatal *awful*
favorito/a *favourite*
febrero *February* (m)
feliz *happy*
fenomenal *fantastic*
feo/a *ugly*
feroz *ferocious*
la ficha *file card*
la figurita *figurine*
las Filipinas *the Philippines*
el fin de semana *weekend*
finalmente *finally*
la Finlandia *Finland*
físico/a *physical*
la flexibilidad *flexibility*
flipante *awesome*
la flor *flower*
el folleto *brochure, leaflet*
los fondos *funds*
el footing *jogging*
en forma *fit, in shape*
estar en forma *to keep fit/in shape*
el foro *chatroom*
la foto *photo*
el fotógrafo *photographer* (m)
la fotógrafa *photographer* (f)
la **fotografía** *photography*
la frase *sentence*
la frecuencia *frequency*
frecuentemente *frequently*
la fresa *strawberry*
la fruta *fruit*
fuerte *strong*
la fuerza *strength*
fumar *to smoke*
funcionar *to work*
la fundación *foundation*
el fútbol *football*
el/la **futbolista** *footballer*
el futuro *future*

G

la galleta *biscuit*
ganar *to win, to earn*
el garaje *garage*
la garganta *throat*
la gasolinera *petrol station*
por lo general *in general*
genial *great*
el gigante *giant*
la gimnasia *gymnastics*
el gimnasio *gym*
el gol *goal*
la gorra *cap*
grabar *to record*
¡gracias! *thank you!*

gracioso/a *funny*
el grado *degree, grade*
el grifo *tap*
el grupo *group, band*
guapo/a *good-looking, attractive*
guay *cool*
la guía turística *tourist guide* (f)
el guía turístico *tourist guide* (m)
la guitarra *guitar*
me gusta(n)… *I like…*
me gustaría… *I would like…*

H

la habitación *room*
hablador(a) *talkative*
hablar *to talk, to speak*
hacer *to do, to make*
hace buen tiempo *it's good weather*
hace calor *it's hot*
hace frío *it's cold*
hace sol *it's sunny*
hace viento *it's windy*
el hambre *hunger*
tener hambre *to be hungry*
la hamburguesa *hamburger*
la hamburguesería *burger bar*
hasta *until, to*
hay *there is, there are*
hay que… *you/we have to…*
el helado *ice cream*
el helicóptero *helicopter*
la hermana *sister*
hermanado/a *twinned, partner*
la hermanastra *stepsister*
el hermanastro *stepbrother*
el hermano *brother*
los hijastros *stepchildren*
hipocondríaco/a *hypochondriac*
la historia *story*
histórico/a *historic*
la historieta *short story*
el hombre *man*
la hora *hour, time*
la hora de comer *lunchtime*
la hora de sol *daylight*
el horario *timetable*
la horchata *tiger nut milk drink*
¡qué horror! *how terrible!*
horroroso/a *awful*
hoy *today*
el huevo *egg*

I

identificar *to identify*
el idioma *language*
la iluminación *lighting*
la imagen *image*
la imaginación *imagination*
imaginar *to imagine*
el imán *magnet*
la importancia *importance*
importante *important*
impresionante *impressive*
inaceptable *unacceptable*
el incendio *fire*
increíble *incredible*
el incremento de salario *salary increase*
independiente *independent*
indicar *to indicate*
infantil *child, childlike, childhood*
el infinitivo *infinitive*
el inglés *English (language)*
inglés/esa *English*
el insecto *insect*
el insti(tuto) *school*
el instructor (de esquí) *(ski) instructor*
el instrumento *instrument*
inteligente *intelligent*
el intercambio *exchange*
interesante *interesting*
inventar *to invent*
inyectar *to inject*
ir *to go*
irse *to leave*
italiano/a *Italian*
la izquierda *left (direction)*

J

el jabón *soap*
la jardinera *gardener* (f)
el jardinero *gardener* (m)
la jefa *boss* (f)
el jefe *boss* (m)
el jersey *jumper*
¡jesús! *bless you!*
los jóvenes *young people*
la judía *bean*
el judo *judo*
el juego *play, game*
el juego de rol *role play*
el jueves *Thursday*
el jugador *player* (m)
la jugadora *player* (f)
jugar *to play*
julio *July* (m)
justo/a *fair*

K

el karting *go-karting*

L

al lado de *next to*
el lavaplatos *dishwasher, washer-up*
lavarse *to wash (oneself), to brush (teeth)*
la leche *milk*
leer *to read*
el león *lion*
la letra *letter, lyrics*
levantarse *to get up*
la leyenda *legend*
la libertad de expresión *freedom of expression*
el libro *book*
el líder *leader*
el limón *lemon*
la limonada *lemonade*
el limpiador *cleaner* (m)
la limpiadora *cleaner* (f)
limpiar *to clean*
limpio/a *clean*
en línea *online*
la lista *list*
llamarse *to be called*
el llavero *key ring*
llegar *to arrive*
llevar *to wear, to take, to have (diet)*
llover *to rain*
la lluvia *rain*
la lluvia de ideas *brainstorm*
loco/a *crazy, mad*
lógico/a *logical*
luchar *to fight*
luego *then*
el lugar *place*
el lunes *Monday*
la luz *light*

M

la madrastra *stepmother*
la madre *mother*
mágico/a *magic*
malgastar *to waste*
malo/a *bad*
el mamífero *mammal*
mandar *to send*
la manera *way*
la mano *hand*
manual *manual*
la manzana *apple*
la mañana *morning*
mañana *tomorrow*
el maratón *marathon*
la maravilla *wonder*
maravilloso/a *marvellous*
el martes *Tuesday*
marzo *March* (m)
más *more*
más tarde *later*
la mecánica *mechanic* (f)
el mecánico *mechanic* (m)
la médica *doctor* (f)
el médico *doctor* (m)
el medicamento *medicine*
medio/a *half*

el **medio ambiente** *environment*
el **medio de transporte** *means of transport*
mejor *better*
mejorar *to improve, to get better*
¡mejórate pronto! *get well soon!*
la **memoria** *memory*
mencionar *to mention*
menos *less*
el **mensaje** *message*
a menudo *often*
el **mercado** *market*
el **mes** *month*
el **metro** *metro, underground, metre*
mexicano/a *Mexican*
mí *me*
mi/mis *my*
¡qué miedo! *how scary!*
el/la **miembro** *member*
el **miércoles** *Wednesday*
mil *one thousand*
mirar *to look at*
mismo/a *same*
la **mitad** *half*
la **moda** *fashion*
el **modelo** *model*
la **moderación** *moderation*
el **monólogo** *monologue*
monótono/a *monotonous*
la **montaña rusa** *roller coaster*
montar (en) *to ride, to go on*
un montón *lots, loads*
el **monumento** *monument*
morado/a *purple*
morir *to die*
motivar *to motivate*
el **móvil** *mobile*
mucho *a lot*
mucho(s)/a(s) *a lot of, many*
mucho gusto *pleased to meet you*
los **muebles** *furniture*
la **muerte** *death*
la **mujer** *woman*
el **mundo** *world*
el **músculo** *muscle*
el **museo** *museum*
la **música** *music, musician* (f)
el **músico** *musician* (m)
musulmán/ana *Muslim*
muy *very*

N

la **nacionalidad** *nationality*
nada *(not) at all, nothing*
nadar *to swim*
la **naranja** *orange (fruit)*
naranja *orange (colour)*
la **nariz** *nose*
la **natación** *swimming*
navegar *to surf (internet)*
necesario/a *necessary*
negativo/a *negative*
negro/a *black*
el **neumático** *tyre*
el **nieto** *grandchild, grandson*
la **niña** *girl*
el **niño** *boy*
los **niños** *children*
el **nivel** *level*
la **noche** *night*
el **nombre** *name*
la **noria** *water wheel*
normalmente *normally*
norteamericano/a *North American*
nos *us*
nosotros/as *we, us*
la **nota** *note*
la **novela romántica** *romantic novel*
noviembre *November* (m)
nuevo/a *new*
nunca *never*

Ñ

¡ñam ñam! *yum, yum!*

O

o *or*
el **objeto** *object*
la **obra maestra** *masterpiece*
obtener *to obtain*
la **oficina** *office*
ofrecer *to offer*
el **oído** *ear*
el **ojo** *eye*
la **ola** *wave*
la **opción** *option*
opinar *to think, to be of the opinion that*
la **opinión** *opinion*
el **orden** *order*
el **ordenador** *computer*
organizado/a *organised*
organizar *to organise*
¡ojo! *careful!, look out!*
el **oro** *gold*
el **oso** *bear*
otra vez *again*
otro/a *other, another*

P

paciente *patient*
el/la **paciente** *patient*
el **padre** *father*
los **padres** *parents*
la **página web** *webpage*
el **país** *country*
el **pájaro** *bird*
pakistaní *Pakistani*
la **palabra** *word*
el **palacio** *palace*
la **palma** *palm*
el **pan** *bread*
el **papel** *paper*
para *(in order) to, for*
paraguayo/a *Paraguayan*
el **parque** *park*
el **parque acuático** *water park*
el **parque de atracciones** *theme park*
el **párrafo** *paragraph*
participar *to participate, to take part*
el **partido** *match*
pasado/a *last*
la **pasajera** *passenger* (f)
el **pasajero** *passenger* (m)
pasar *to spend (time), to happen*
la **pasión** *passion*
la **pasta** *pasta*
el **pastel** *cake*
la **pastilla** *pill*
las **patatas fritas** *chips*
el **payaso** *clown* (m)
la **payasa** *clown* (f)
pelear *to fight*
la **peli, la película** *film*
peligroso/a *dangerous*
el **pelo** *hair*
la **pelota vasca** *pelota (Basque ball game)*
la **peluquera** *hairdresser* (f)
la **peluquería** *hairdresser's, hairdressing*
el **peluquero** *hairdresser* (m)
pensar *to think*
peor *worse, worst*
pequeño/a *small*
perder *to lose*
perfecto/a *perfect*
el **perfil** *profile*
el/la **periodista** *journalist*
pero *but*
el **perro** *dog*
el **perro guía** *guide dog*
la **persona** *person*
el **personaje** *character*

la personalidad *personality*
peruano/a *Peruvian*
el **pescado** *fish*
el **pie** *foot*
a pie *on foot*
la **pierna** *leg*
el **piloto** *pilot, driver, racing driver*
la **piscina** *swimming pool*
planificar *to plan*
el **plano** *map*
la **planta** *plant*
plantar *to plant*
el **plástico** *plastic*
la **plaza (mayor)** *(main) square*
pobre *poor*
un poco *a little, a bit*
poder *to be able to, can*
el **poema** *poem*
polaco/a *Polish*
el/la **policía** *police officer*
el **pollo** *chicken*
la **Polonia** *Poland* (f)
poner *to put*
por eso *so, therefore*
porque *because*
¿por qué? *why?*
por supuesto *of course*
la **posibilidad** *possibility*
posible *possible*
la **postal** *postcard*
el **postre** *dessert*
practicar *to practise*
práctico/a *practical*
el **precio** *price*
precioso/a *lovely*
predecible *predictable*
la **preferencia** *preference*
preferir *to prefer*
la **pregunta** *question*
preguntar *to ask*
preparar *to prepare*
la **presentación** *presentation*
el **presente** *present (time)*
la **prima** *cousin* (f)
primer(o)/a *first*
el **primo** *cousin* (m)
la **princesa** *princess*
el **príncipe** *prince*
privado/a *private*
privado/a de *deprived of*
probar *to try*
el **problema** *problem*
el **producto** *product*
el **profesor** *teacher* (m)
la **profesora** *teacher* (f)
el **programa** *programme*
la **programación** *schedule*
el **programador** *programmer* (m)
la **programadora** *programmer* (f)
la **pronunciación** *pronunciation*
propio/a *own*
la **protección** *protection*
el **proyecto** *project*
la **publicidad** *publicity*
el **pueblo** *town, village*
pues... *well...*
el **puesto de ocasión** *second-hand stall*
puntuar *to give a score*

Q

que *than, that, which*
¿qué? *what?*
quedar bien *to fit (clothes)*
querer *to want*
¿quién? *who?*

R

el **racismo** *racism*
rápido/a *quick*
los **rápidos** *rapids*
la **raqueta** *racquet*
la **raya** *line*
la **razón** *reason*
la **reacción** *reaction*
reaccionar *to react*
real *real, royal*
recaudar *to raise, to collect*
el/la **recepcionista** *receptionist*
recibir *to receive*
reciclar *to recycle*
reciente *recent*
recoger *to collect*
recomendar *to recommend*
el **recuadro** *box*
el **recuerdo** *souvenir*
reducir *to reduce*
referirse a *to refer to*
el **refresco** *soft drink*
regar *to water*
el **regreso** *return*
relajar *to relax*
repetir *to repeat*
el **reportaje** *report*
el **reptil** *reptile*
la **reserva** *reservation*
la **resolución** *resolution*
resolver *to solve*
respirar *to breathe*
responder *to answer*
la **responsabilidad** *responsibility*
responsable *responsible*
la **respuesta** *answer, reply*
el **restaurante** *restaurant*
el **resumen** *summary*
reutilizar *to reuse*
el **revés** *the back, the other side*
al revés *back to front*
el **revestimiento** *covering, lining*
rico/a *rich, delicious, tasty*
¡Qué rico! *How delicious/tasty!*
la **rifa** *raffle*
rimar *to rhyme*
el **ritmo** *rhythm*
rojo/a *red*
el **rompecabezas** *brain teaser*
la **ropa** *clothes*
el **rugby** *rugby*
la **rutina** *routine*

S

el **sábado** *Saturday*
el **sabor** *taste, flavour*
sacar *to take (photo)*
salir *to go out*
salir a la calle *to go out in the street*
el **salón** *room*
saltar *to jump*
la **sangre** *blood*
sano/a *healthy*
la **sección** *section*
tener sed *to be thirsty*
seguir *to continue, to follow*
según *according to*
el **segundo** *second*
segundo/a *second*
la **seguridad** *security, safety*
seguro/a *safe*
la **selva** *jungle*
la **semana** *week*
serio/a *serious*
los **servicios** *toilets*
servir *to serve*
severo/a *strict*
si *if*
siempre *always*
lo siento *I'm sorry*
el **siglo** *century*
significar *to mean*
siguiente *next, following*
el **símbolo** *symbol*
simpático/a *nice*
sin embargo *however*
el **sistema solar** *solar system*
el **SMS** *text*
sobrar *to be... too many*
sobre *about*
sobre todo *above all, especially*
sociable *sociable*
solidario/a *charity, charitable*
sólo *only*
solo/a *alone*
la **sorpresa** *surprise*
sostenible *sustainable*
su / sus *his, her / their*
subir *to go up, to climb*
subrayado/a *underlined*

el **sueño** *dream*
tener sueño *to be sleepy*
la **suerte** *luck*
¡buena suerte! *good luck!*
el **superhéroe** *superhero* (m)
la **superheroína** *superhero* (f)
por supuesto *of course*

T

la **tabla** *table (grid)*
tal vez *maybe, perhaps*
el **talento** *talent*
también *also, too*
la **tarde** *afternoon, evening*
tarde *late*
la **tarjeta** *card*
la **tarta** *cake*
la **taza** *cup*
el **teatro** *theatre*
el **techo** *roof, ceiling*
el **teclado** *keyboard*
el **teleférico** *cable car*
el **teléfono** *phone*
el **telescopio** *telescope*
el **teletrabajo** *teleworking (working from home)*
la **tele(visión)** *TV*
la **temperatura** *temperature*
el **templo** *temple*
temporal *seasonal*
temprano *early*
tener *to have*
tener que *to have to*
el **tenis** *tennis*
tercer(o)/a *third*
el **terror** *horror*
el **tesoro** *treasure*
el **tiempo** *time, weather*
el **tiempo libre** *free time*
la **tienda** *shop, tent*
la **tierra** *earth*
el **tigre** *tiger*
tímido/a *timid, shy*
la **tía** *aunt*
el **tío** *uncle*
típico/a *typical, traditional*
el **tipo** *type*
la **tira cómica** *comic strip*
la **tirada** *throw*
tirar *to throw*
el **título** *title*
las **tostadas** *toast*
tocar *to play (instrument), to touch*
todo *everything*
todo/a *all, every*
todo recto *straight on*
tomar el sol *to sunbathe*
el **tono** *tone*
la **tontería** *silly thing, nonsense*
tonto/a *silly, stupid*
la **tormenta** *storm*
el **torneo** *tournament*
la **tos** *cough*
la **tostada** *slice of toast*
trabajador(a) *hard-working*
trabajar *to work*
el **trabajo** *job*
traducir *to translate*
tranquilo/a *quiet*
el **transporte público** *public transport*
tratar de *to be about*
el **trayecto** *distance, journey*
el **tren** *train*
triste *sad*
el **trofeo** *trophy*
la **trompeta** *trumpet*
tu/tus *your*
el **tuit** *tweet*
el **turismo** *tourism*
el/la **turista** *tourist*
el **turno** *turn*
el **turrón** *nougat*

U

último/a *last, latest*
único/a *only*
la **universidad** *university*
el **universo** *universe*
usar *to use*
el **uso** *use*
usted(es) *you (formal)*
útil *useful*
utilizar *to use*

V

la **vaca** *cow*
el **vampiro** *vampire*
variado/a *varied*
la **variedad** *variety*
a veces *sometimes*
vegetariano/a *vegetarian*
vender *to sell*
la **venganza** *revenge*
la **venta** *sale*
ver *to see, to watch*
el **verano** *summer*
el **verbo** *verb*
la **verdad** *truth*
verdadero/a *true*
verde *green*
las **verduras** *vegetables*
el **vestido** *dress*
vestirse *to get dressed*
el **vestuario** *wardrobe, changing room*
la **veterinaria** *vet* (f)
el **veterinario** *vet* (m)
la **vez** *time*
de vez en cuando *from time to time*
otra vez *again*
una vez *once*
viajar *to travel*
el **viaje** *journey*
¡buen viaje! *safe journey!*
la **vida** *life*
el **videojuego** *video game*
el **vidrio** *glass*
que viene *next*
el **viento** *wind*
hace (mucho) viento *it is (very) windy*
el **viernes** *Friday*
la **violencia** *violence*
la **visita** *visit*
vivir *to live*
el **voleibol** *volleyball*
volver *to return*
vomitar *to vomit*
vosotros/as *you (plural)*
en voz alta *aloud*

W

el **WC** *toilet*

Y

ya *already*

Z

el **zapato** *shoe*
la **zona rural** *rural area*
el **zoo** *zoo*
el **zumo de naranja** *orange juice*